Annette Weber

Selbstmord – Warum?

Arbeitsmaterialien für den Deutschunterricht
zu einem brisanten Thema

ab Klasse 7

Kopiervorlagen mit Lösungen

Gedruckt auf umweltbewusst gefertigtem, chlorfrei gebleichtem
und alterungsbeständigem Papier.

1. Auflage 2009
Nach den seit 2006 amtlich gültigen Regelungen der Rechtschreibung
© by Brigg Pädagogik Verlag GmbH, Augsburg
Illustrationen: Marion El-Khalafawi

ISBN 978-3-87101-**345**-4
www.brigg-paedagogik.de

Inhalt

Vorwort

Das Thema Selbstmord ist ein schwieriges Thema. Es ist weder unterhaltsam, noch spannend, sondern einfach nur tragisch und erschütternd.
Und doch sollte gerade dieses schwierige Thema im Unterricht nicht tabuisiert werden.

Selbstmord ist nach Verkehrsunfällen die häufigste Todesursache bei Jugendlichen.
An jedem Tag nehmen sich in Deutschland drei Kinder oder Jugendliche das Leben. Dabei führen die Jungen die Statistik an, und ihre Formen des Suizids sind oft von erschreckender Konsequenz.
Und doch erscheint uns die Behandlung dieses Themas im Unterricht oft zu schwierig. Dahinter steht meist die Angst, Schüler könnten durch die Beschäftigung damit erst recht zum Selbstmord angeregt werden.

Auch mir saß bei der Erstellung dieses Buches diese Angst im Nacken. Ich habe mich darum von verschiedenen Ärzten und Psychologen beraten lassen, habe Gespräche mit suizidgefährdeten Jugendlichen und Angehörigen geführt und Jugendliche als Testleser hinzugezogen, die Stellung zu diesem Manuskript genommen haben. Ihnen allen verdanke ich, dass nun dieses Buch entstanden ist.

Es handelt von dem Schüler Philipp, der durch viele unglückliche Umstände in schwierige Situationen gerät, aus denen er keinen anderen Ausweg sieht, als den Tod. Wie viele Selbstmörder entwickelt er nach und nach einen Tunnelblick, an dessen Ende er den Selbstmord als einzige akzeptable Lösung sieht.

Und doch beginnt das Buch mit dem neuen Leben. Philipp erwacht nach einem Selbstmordversuch in einer Klinik und schaut mit der Hilfe eines Psychologen auf die Dinge zurück, die ihn zu diesem Entschluss getrieben haben. Aber er ist froh, zu leben und kann nun versuchen, die Situation auf eine neue Art zu bewältigen.

Ich wünsche mir, dass dieses Buch und das dazugehörige Begleitmaterial dazu beitragen, suizidgefährdete Jugendliche schneller zu erkennen und ihnen rechtzeitig zu helfen. Außerdem hoffe ich, dass es vielen Jugendlichen dabei hilft, in Krisen nach anderen Lösungen zu suchen.

Mit vielen guten Wünschen
Annette Weber

Philipps Entscheidung

Er lebt! Nicht zu fassen.

Er kann seinen Arm bewegen. Er kann seine Hand bewegen. Sogar seine Finger kann er bewegen. Er kann sie alle der Reihe nach in die Handfläche einklappen und dann wieder ausklappen – vom kleinen Finger bis zum Daumen und zurück.

5 Und nicht nur die Finger, die Arme und die Beine. Auch seinen Kopf und seinen Körper kann er bewegen.

Und sein Atem funktioniert auch. Er kann Luft holen, ganz tief. Und dann wieder ausatmen.

Er lebt.

10 Die Tür zum Krankenzimmer öffnet sich. Die Krankenschwester erscheint. Sie ist dick und fröhlich. Mit einem Doppelkinn und grauen Haaren.

„Na", sagt sie und beugt sich über ihn. „Wie geht es dir?"

„Gut." Philipp versucht, zu lächeln. „Ich habe tierisch Hunger. Wann gibt es was zu essen?"

15 „Eine halbe Stunde noch", antwortet sie. „Aber wenn es ganz schlimm ist, kann ich dir auch noch ein Stück Kuchen bringen."

„Ach, eine halbe Stunde lang halte ich es noch aus", sagt Philipp.

Sie schaut auf den Tropf und verstellt die Flüssigkeitsmenge.

„Eigentlich dürftest du damit gar keinen Hunger haben", lacht sie. „Aber nur

20 Flüssigkeit ist dir wohl zu wenig, was? Das ist ja ein gutes Zeichen."

Dann wird sie ernst. Ganz traurig sieht sie aus.

„Das darfst du nie wieder machen, ja?", meint sie jetzt. „Schon allein wegen Schwester Renate nicht. Sie hat drei Tage auf der Intensivstation an deinem Bett gesessen und nicht geschlafen. Ganz grau ist sie dabei geworden. Und hat

25 immer an ihren Sohn gedacht, der so alt ist wie du."

Jetzt streicht sie Philipp über die Haare. Eigentlich mag er so was nicht so gerne. Aber bei ihr ist es nicht so schlimm. Sie ist wirklich total nett. Und sie hat sich wirklich Sorgen gemacht.

„Und du musst auch an deine Mutter denken", sagt die Schwester nun.

30 Philipp dreht sich zum Fenster. Er will nicht an seine Mutter denken. Er weiß, dass er alle unglücklich gemacht hat. Er hat ja gesehen, wie seine Mutter aussah, als sie an seinem Bett saß. Ganz weiß. Mit einem Berg voller Taschentücher um sich herum.

„Philipp", hat sie immer gesagt. „Oh, du lebst. Du bist über`m Berg."

35 Und dann hat sie schrecklich geweint. So furchtbar laut, dass Philipp beinahe mitgeweint hätte.

„Hör auf", hat er schließlich gesagt. „Ist doch nichts passiert. Ich lebe ja noch."

„Beinahe wäre es schief gegangen. Beinahe." Sie hat laut angefangen, zu weinen. „Warum denn nur? Warum hast du das getan? Oh, es ist so schrecklich."

40 Er kann es nicht ertragen. „Hör auf", sagt er schließlich noch einmal. „Bitte hör auf. Ich tu das ja nie wieder."

Weber: Selbstmord – Warum? · ab Klasse 7
© Brigg Pädagogik Verlag GmbH, Augsburg

Da hat sie schließlich aufgehört und aus dem Fenster geschaut.

„Ja, ist gut", hat sie geschluchzt. „Das musst du mir versprechen."

Er war froh, als sie gegangen ist.

45 Die Sonne scheint durch das Fenster. Draußen zwitschern die Vögel. Noch nie hat er darauf geachtet, dass Vögel zwitschern. Und dass es sich lustig anhört, was sie sich zu erzählen haben.

Es ist verdammt gut, dass er lebt. Noch vor drei Tagen hat er das ganz anders gesehen.

50 Dass zwischen dem Leben und dem Tod nur Minuten liegen, ist ein unheimliches Gefühl. Fünf Minuten. Vielleicht noch weniger. Vielleicht nur Sekunden. Dann ist man plötzlich nicht mehr da. Dann ist alles beendet. Der Schmerz, der Ärger, aber auch die Freude, die Liebe, das Vogelzwitschern.

Das zeigt, dass man sich seine Entscheidung gut überlegen muss. Man hat

55 eben nur dieses eine Leben.

Philipp schaut auf das Bild auf dem Nachttisch, das ihm Lea neben das Telefon gestellt hat. Es ist eine Ansichtskarte vom Meer. Von Strand und Wellen, vom Sonnenuntergang und einer Möwe. Ein kitschiges Bild, findet Philipp. Aber schön ist es trotzdem.

60 „Damit du weißt, warum du am Leben bleiben sollst", hat sie gesagt und gelächelt. Dabei sind auch ihr die Tränen über das Gesicht gelaufen.

Und dann hat sie ihm alles erzählt. Wie es gekommen ist, dass sie ihn gefunden hat. Und wie schrecklich das alles für sie gewesen ist. Und dass sie noch jetzt unter Albträumen leidet. Immer davon träumt, dass etwas Schlimmes passiert

65 und sie zu spät kommt.

Philipp schließt die Augen. Er will jetzt nicht daran denken. Nicht immer ein schlechtes Gewissen haben.

Aber er will weiterleben. Nicht nur wegen Lea und wegen seiner Mutter und seinem Vater und Yvonne und Steffen und Kathy und Schwester Renate von der

70 Intensivstation. Er will auch weiterleben, weil das Leben schön sein kann. Und weil er diese Seiten noch gar nicht so richtig kennengelernt hat.

Er will weiterleben, weil das Leben wertvoll ist. Und weil auch er ein wertvoller Mensch ist.

„Vorhin war ein Mädchen da", sagt die Schwester. „Mit langen lockigen Haaren.

75 Sie wollte zu dir, aber wir haben es noch nicht erlaubt. Wir wollten erst mit dir darüber sprechen."

Philipp rollt sich in seine Decke ein und zieht sie bis zum Kinn hoch.

„Nein", sagt er. „Ich will sie nicht sehen."

Die Schwester schaut ihn aufmerksam an.

80 „Wie du willst", sagt sie dann. Sie ordnet die Medikamente. Schaut noch einmal nach dem Tropf.

„Sie sah ziemlich traurig aus", sagt sie dann. „Ganz rote Augen und so."

„Ich will sie trotzdem nicht sehen", sagt Philipp. Und als die Schwester immer noch an seinem Bett steht, fügt er hinzu: „Jedenfalls heute nicht."

Weber: Selbstmord – Warum? · ab Klasse 7
© Brigg Pädagogik Verlag GmbH, Augsburg

85 Schließlich geht die Schwester.

Eine Stunde später öffnet sich die Tür wieder. Dieses Mal kommt ein Mann herein, den Philipp noch nicht kennengelernt hat. Ein kleiner dicker Typ mit einem weißen Haarkränzchen. Philipp lächelt.

„Sie sind bestimmt der Psychologe", sagt er.

90 Der Mann grinst und streicht sich über die Glatze.

„Sehe ich so typisch aus?", will er wissen.

Philipp nickt. „So habe ich mir jedenfalls immer einen Psychologen vorgestellt."

„Rainer Schmidtbauer", stellt er sich vor und gibt Philipp die Hand. „Ich würde mich freuen, wenn wir ein bisschen miteinander reden könnten."

95 Philipp schluckt.

„Von mir aus", brummt er.

Der Psychologe nimmt sich einen Stuhl und setzt sich neben Philipp.

„Schön, dass du da bist", sagt er.

Es ist eine Weile still.

100 „Du weißt, dass du riesiges Glück gehabt hast, oder?" Der Psychologe hat den Blick auf ihn gerichtet und lächelt. „Eine Minute länger, vielleicht nur eine Sekunde, dann säßen wir jetzt nicht hier."

„Ich weiß", sagt Philipp. „Und ich bin froh darüber. Ehrlich. Total froh!"

Dann richtet sich Philipp im Bett auf. Er schaut an dem Mann vorbei zur Tür.

105 Dann zum Fenster.

„Weißt du noch, wann dieses Gefühl zum ersten Mal da war?", fragt der Psychologe schließlich. „Dass du nicht mehr weiterleben wolltest?"

Philipp überlegt eine Weile.

„Nicht genau", sagt er schließlich. „Ich glaube, so richtig gerne war ich nie auf

110 der Welt." Er denkt weiter nach. „Aber so richtig schwierig wurde es vor einigen Wochen."

„Kannst du dich an einen Tag erinnern, als es mit den Veränderungen anfing?", will der Psychologe wissen.

Philipp nickt.

115 „Vielleicht fing es an dem Tag an, als ich so früh im Park auftauchte", sagt er dann.

Herr Schmidtbauer nickt. Obwohl er doch bestimmt nicht verstehen kann, was Philipp damit sagen will. Aber er wartet einfach darauf, dass Philipp weiterredet. Wahrscheinlich macht man das als Psychologe so. Den anderen einfach erst

120 mal reden lassen.

Draußen auf dem Baum gegenüber von Philipps Zimmer sitzt ein kleiner Vogel mit blauen Flügeln und einem gelben Bauch. Süß sieht er aus. Er schaut zu ihm herüber. Philipp muss an das Bild mit der Möwe denken. Er war noch nie am Meer. Wäre schön, da mal hinzukommen.

125 „Wir hatten an dem Tag unsere Deutscharbeiten wiederbekommen", beginnt er zu erzählen.

Herr Schmidtbauer nickt. „Aha", sagt er.

Weber: Selbstmord – Warum? · ab Klasse 7
© Brigg Pädagogik Verlag GmbH, Augsburg

„Oh nein", stöhnte Sammy, als Frau Tilly mit einem Stapel Hefte die Klasse betrat.

„Oh doch!", lachte Frau Tilly und warf die Hefte auf das Pult. „Aber ihr braucht keine Angst zu haben. So schlecht sind die Deutscharbeiten

5 gar nicht geworden."

Sie schaute in ihren kleinen roten Lehrerkalender.

„Jedenfalls gibt es nur eine Fünf."

Dann zögerte sie einen Moment.

„Naja, und einer war völlig daneben", sagte sie dann leise.

10 „Aber da kann man nichts machen."

Und sie warf einen kurzen Blick zu Philipp hinüber.

„Philipp", rief Katrin, die immer alles sofort schnallte.

Nun lachten auch die anderen. War doch klar. Philipp setzte

jede Arbeit in den Sand. Seit zwei Jahren schon.

15 Aber Frau Tilly war so nett, nichts dazu zu sagen. Sie teilte nun die Hefte aus.

Kurz und schmerzlos machte sie das immer.

„Ja!", schrie Sammy und riss die Arme hoch. „Ne Zwei."

Und sie beugte sich zu ihrer Nachbarin Vicky hinüber. „Was hast du denn?"

„Auch ne Zwei."

20 Die beiden umarmten sich. Nun drehte sich Vicky zu Philipp um.

„Und was hast du?"

„Keine Ahnung."

Philipp stopfte das Heft, das ihm Frau Tilly auf den Tisch gelegt hatte, in die

Schultasche. Was sollte er schon haben? Er hatte in Deutsch immer eine Sechs.

25 War doch auch egal!

Sammy und Vicky kicherten jetzt.

„Der hat die Sechs!" – „Wetten?"

Philipp schob sich den

Ohrstöpsel seines I-Pods

30 ins Ohr. Blöde Zicken.

Bloß nicht drauf rea-

gieren.

Aber da war

Vicky schon an

35 seiner Tasche

und fummelte an

dem Heft herum.

„Lass doch mal

sehen!"

40 „Finger weg!"

„Warum denn?"

Das war einfach

zu viel. Mit einem

Weber: Selbstmord – Warum? · ab Klasse 7
© Brigg Pädagogik Verlag GmbH, Augsburg

Wie alles begann

45 Ruck sprang Philipp auf. Schlug Vicky mit voller Wucht gegen die Schulter. Ihr
Stuhl wackelte. Dann krachte sie mitsamt Stuhl um und schlug mit dem Kopf
gegen die Tischkante.

„Philipp!" Frau Tilly schrie.

„Du Schwein!", kreischte Sammy.

Vicky sagte nichts dazu. Sie bemühte sich, ihre Beine zu sortieren und aufzuste-
50 hen. Ihr Top war hochgerutscht und man konnte ihren BH sehen.

Sie zog das Top herunter. Dann erst fing sie an zu heulen.

„Ich kriege `ne riesige Beule!", schniefte sie.

Nun standen auch die anderen Klassenkameraden um Philipp und Vicky herum.
Jeder musste seinen Senf dazugeben.

55 „Das hast du davon", brüllte Ahmet. „Warum kannst du Philipp nicht in Ruhe
lassen. Blöde Zicke."

„Deswegen muss er doch nicht gleich ausrasten",
regte sich Melanie auf. „Bei jeder Kleinigkeit tickt der total ab.
Schon wenn man ihn nur mit dem Finger antippt …"

60 Sie tippte an sein Sweatshirt.

Philipp schoss sofort herum.

„Lass die Finger weg!", brüllte er.

Melanie zuckte nicht mit der Wimper.

„Seht ihr!", triumphierte sie.

65 „Der ist immer total abgenervt. Und bei jeder Kleinigkeit tickt er aus."

„Setzt euch sofort an eure Plätze!", ordnete Frau Tilly nun an. „Und beruhigt
euch erst einmal wieder."

Sie ging zu Vicky hinüber und berührte ihre Beule.

„Lass mal sehen." Ihr Gesicht sah jetzt mitfühlend aus. „Oh, das ist ja wirklich
70 ganz schön dick geworden."

Nun drehte sie sich zu Philipp um.

„Philipp, es geht wirklich nicht, dass du so schrecklich ausrastest. Ich weiß, Vicky hat sich auch nicht gut verhalten, als sie …"

Philipp sprang auf.

75 „Nicht gut verhalten!", brüllte er. „Sie hat an meiner Tasche nichts zu suchen.
Und was ich in Deutsch habe, geht sie einen Dreck an!"

„Wir wissen ja alle, dass es eine Sechs ist!"

Das war Demian. Mit einem schadenfrohen Grinsen sagte er das. Die anderen
lachten.

80 Philipp stand auf.

„Ihr könnt mich alle mal!", schrie er und nahm seine Tasche.

„Philipp!", mischte sich nun Frau Tilly ein. „Du kannst jetzt nicht einfach wegge-
hen. Wir sind noch mitten im Unterricht."

„Keinen Bock mehr!", murmelte Philipp. Er warf seine Tasche auf den Rücken
85 und ging davon.

Niemand hielt ihn auf. Im Gegenteil. Irgendeiner rief noch „Gott sei Dank."

Weber: Selbstmord – Warum? · ab Klasse 7
© Brigg Pädagogik Verlag GmbH, Augsburg

Draußen schrieb er eine SMS an Yvonne.

„Bin im Park. Keinen Bock mehr auf Schule."

Dann ging er zum Spielplatz am Rheinufer hinüber. Bruno saß schon auf der

90 Bank. Der war eigentlich immer da, seit er vor einem Jahr die Schule geschmissen hatte. Seitdem ging es ihm besser. Sagte er jedenfalls.

Bruno winkte Philipp zu.

„Hey, Kumpel. Cool, dich zu sehen."

Er verteilte Tabak auf einem großen, aneinandergeklebten Blättchen.

95 „Hab gerade gutes Kraut gekriegt. Willst du auch?"

„Nee, danke."

Philipp hatte nie viel für's Kiffen übriggehabt. Er rauchte noch nicht einmal.

Bruno drehte sich in Ruhe seinen Joint.

„Irgendwann kommst du auch noch dahinter, wie

100 cool das Zeug ist", meinte er. „Und so wie du aussiehst, könntest du einen guten Zug gebrauchen."

„Nee, lass mal!"

Philipp schaute den Weg entlang. Hoffentlich

105 kam Yvonne bald. Er brauchte unbedingt mal jemanden zum Schmusen und Quatschen. Mit Bruno wusste er nie, was er reden sollte.

Da kam Yvonne auch schon den Weg entlang.

Mit dieser irren Löwenmähne lief sie auf ihn zu.

110 Philipps Herz schlug heftig. Sie sah einfach toll aus.

„Hi!" Sie schlang ihre Arme um seinen Hals.

Er drückte sein Gesicht in ihre Mähne. „Na!"

Sie küssten sich. Als Philipp aufschaute, sah er,

115 dass Bruno sie beide beobachtet hatte.

„Und ich?", fragte er dann. „Kriege ich keinen Kuss?"

Yvonne lachte. „Klar doch!"

Sie drehte sich zu Bruno um und gab ihm einen Kuss auf die Backe, dass es nur so schmatzte.

120 „Lass das!", fuhr Philipp nun Yvonne an. Er fand das nicht gut. Yvonne war seine Freundin.

„Au Mann, du bist aber wirklich nicht gut drauf!", wunderte sich Yvonne. „Ich kann doch wohl mal Bruno küssen!"

Und sie küsste ihn gleich noch einmal. Diesmal auf den Mund.

125 Philipp hätte ihr am liebsten eine gescheuert. Aber dann hätten sich sicherlich alle aufgeregt. Darum schaute er in eine andere Richtung und zählte leise bis zehn. Bloß kein Spielverderber sein. Sonst hatte er die beiden gleich gegen sich.

„Lass mich auch mal ziehen!", sagte Yvonne nun und setzte sich zwischen Bruno und Philipp. Bruno reichte ihr den Joint.

Weber: Selbstmord – Warum? · ab Klasse 7
© Brigg Pädagogik Verlag GmbH, Augsburg

Wie alles begann

130 Seit ein paar Wochen war Bruno mit in ihrer Clique, und seitdem war das Kiffen
Mode geworden. Außer Philipp kifften mittlerweile alle, auch Yvonne. Das hatte
die Beziehung in der Clique irgendwie verändert. Sie trafen sich nicht mehr, um
zu reden oder Fußball zu spielen oder Musik zu hören. Jetzt ging der Joint um,
und danach hingen alle träge auf der Bank herum.

135 So war es auch heute. Zuerst rauchten Bruno und Yvonne, dann kamen noch
Steffen, Kemal und Kathy dazu. Brunos Joint
wurde brüderlich geteilt. Danach hatte auch
Steffen noch Stoff dabei. Die Gespräche
wurden langsamer, die Pupillen größer.

140 Philipp stand auf. Dieses
Gekiffe ging ihm auf die
Nerven.
„Ich geh noch ins
Schwimmbad. Kommt

145 ihr mit?"
Die anderen
brummten etwas
Unverständliches.
„Komm!" Philipp

150 fasste Yvonne
am Arm.
„Wir gehen!"
Doch Yvonne schüttelte ihn ab.
„Ich bleib noch!"

155 „Wir ge - hen!", ordnete Philipp nun mit lauter Stimme an.
Wieder zog Yvonne ihren Arm zurück.
„Hee, Mann!", fuhr ihn Bruno an. „Kapierst du nicht? Yvonne will noch hierblei-
ben. Und wenn sie bleiben will, dann soll sie auch hierbleiben. Verstehst du?
Sie kann nämlich selbst entscheiden, was sie will und was nicht."

160 „Genau!", erwiderte Yvonne nun. „Und ich bleibe. Ist das klar, Philipp Kardenberg?"
Die anderen waren nun wach geworden. Mit aufmerksamem Gesicht verfolgten
sie den Streit. Das war immer interessant. Schließlich waren Philipp und Yvonne
schon fast ein Jahr zusammen. Da war es sowieso spannend, wenn sie mal

165 Stress hatten.
Philipp spürte, dass er gegen Yvonne und Bruno nicht ankam.
„Dann eben nicht!", sagte er und ging davon. Hoch erhobenen Hauptes. Die an-
deren sahen ihm lachend nach.

Doch kaum war er an der Ecke des Stadtparks angekommen, hörte er Schritte

170 hinter sich. Er drehte sich um. Yvonne. Verschwitzt sah sie aus. Mit wilden, wir-
ren Haaren.

Weber: Selbstmord – Warum? · ab Klasse 7
© Brigg Pädagogik Verlag GmbH, Augsburg

„Mensch, was ist denn mit dir?," rief sie. „Haust einfach ab."

„Ach, ich weiß nicht. Ich bin heute nicht so gut drauf", brummte Philipp.

Yvonne lachte. „Soll ich dich mal gut drauf bringen?", sagte sie.

175 Und dann küsste sie ihn. Lange und wild.

Ihre Lippen pressten sich fest auf seine. Ihre Zunge fuhr in seinem Mund herum.

Und ihr schmaler Körper drückte sich ganz fest gegen seinen.

Das war schon ein anderes Gefühl.

Philipp schlang seine Arme um sie und hielt sie fest. Wühlte mit den Händen

180 durch ihre Mähne.

Dieses Mädchen machte ihn noch wahnsinnig. Da war er sich sicher.

Weber: Selbstmord – Warum? · ab Klasse 7
© Brigg Pädagogik Verlag GmbH, Augsburg

Nadine

Philipp schloss die Wohnungstür auf. Seine Mutter war noch nicht da. Obwohl sie mittwochs immer nur den halben Tag arbeitete.

Philipp schob eine Pizza in den Ofen und stöpselte sich seinen I-Pod wieder ins Ohr. Dann ging er ins Badezimmer und betrachtete sich eine Weile im Spiegel.

5 Eigentlich Zeit, mal das Outfit zu verändern. Vielleicht ein Piercing an der Lippe. Oder noch ein zweites neben dem Ring an der Augenbraue.

Sein Blick fiel auf das schwarze Tönungsschampoo, das auf dem Badewannenrand stand. Das war die Idee. Pechschwarze Haare würden gut zu seinen Klamotten passen. Er trug gerne schwarz.

10 Philipp las die Packungsbeilage. Dann zog er sein T-Shirt aus, streifte die Plastikhandschuhe über und verteilte die Masse auf seinen Haaren. Zwanzig Minuten Einwirkzeit brauchte das Mittel. Eine gute Gelegenheit, die Pizza zu essen. Gerade als Philipp die Pizza aus dem Ofen zog, tippte ihm jemand auf die Schulter. Philipp schrie auf und fuhr herum. Manfred stand vor ihm. Der Freund

15 seiner Mutter.

Philipp riss sich den Ohrstöpsel aus dem Ohr.

„Mann, hast du mich erschreckt. Was ist los?"

Philipp ärgerte sich, dass Manfred einfach so in die Wohnung kam, ohne vorher anzuklingeln. Er schien sich schon total als Familienmitglied zu fühlen.

20 „Tut mir leid, dass ich dich erschreckt habe. Ist Gisa nicht da?"

„Sieht nicht so aus."

„Wo ist sie denn? Sie kommt doch sonst immer Mittwochmittag nach Hause."

„Ich weiß es nicht."

Philipp hatte keinen Bock, sich lange mit dem Typen zu unterhalten. Nicht, dass

25 er etwas gegen ihn gehabt hätte. Aber die Beziehung zwischen seiner Mutter und ihm hatte sich verändert, seit Manfred da war.

Sonst waren sie immer zu zweit gewesen. Nur Philipp und seine Mutter. Okay, manchmal hatte die Mutter auch einen Freund gehabt. Aber meist war die Sache schnell erledigt gewesen.

30 Doch dieser Manfred war zäh. Er kam fast jeden Tag vorbei. Machte sich nützlich, kaufte ein, kochte und nahm der Mutter Arbeit ab. Einerseits. Andererseits machte er es sich in diesem Nest auch gemütlich, verbrauchte ganz selbstverständlich ihr Geld, übernachtete manchmal hier, überschwemmte die Dusche und fühlte sich hier schon ziemlich zu Hause.

35 Philipp war das nicht besonders recht. Er wollte seine Mutter nicht mit einem Fremden teilen. Schon gar nicht mit einem, der kein Geld hatte.

„Gibst du mir ein Stück von deiner Pizza ab?"

„Von mir aus."

Widerwillig schnitt ihm Philipp die Hälfte ab.

40 „Und was machst du da mit deinen Haaren? Meinst du nicht, du solltest sie mal ausspülen?"

Philipp schaute auf die Uhr. Um Himmels Willen. Er war schon fünf Minuten überfällig. Er rannte ins Badezimmer und ließ warmes Wasser über den Kopf

Weber: Selbstmord – Warum? · ab Klasse 7
© Brigg Pädagogik Verlag GmbH, Augsburg

laufen. So lange, bis keine schwarze Flüssigkeit mehr aus seinen Haaren kam.

45 Dann föhnte er die Haare und betrachtete sich aufmerksam.

Geil! Er sah tierisch gut aus. Schwarze Haare, ein weißes Gesicht – fast ein bisschen wie Billy von Tokio Hotel. Yvonne würde auf alle Fälle kreischen. Sie stand total auf Tokio Hotel.

Als Philipp in die Küche zurückkam, kreischten auch zwei. Seine Mutter und

50 Manfred. Seine Mutter hielt sich die Hand vor den Mund.

„Himmel, Philipp, was hast du gemacht. Deine schönen Haare."

Und nun fing sie an zu weinen.

Philipp war irgendwie verwirrt. Was war denn jetzt passiert? Seine Mutter weinte eigentlich selten. Sah er denn so schrecklich aus?

55 „Entschuldigung", schniefte die Mutter. „Es ist nur – ich bin ein bisschen durch den Wind. Tut mir leid, Philipp, hat gar nichts mit dir zu tun."

Sie zog ein Taschentuch aus ihrer Jeans und schnupfte sich. Manfred strich ihr über den Rücken.

„Beruhige dich doch, Gisa!"

60 „Was ist denn los?" Philipp setzte sich wieder zu seiner jetzt schon ziemlich kalten Pizzahälfte und brach ein Stück ab.

Frau Kardenberg beruhigte sich tatsächlich.

„Elvira ist heute nicht zur Arbeit gekommen", erzählte sie dann. „Sie ist – es ist weil – oh, es ist so furchtbar."

65 Wieder fing die Mutter an zu weinen.

„Ist sie krank?", wollte Philipp wissen.

Frau Kardenberg schüttelte den Kopf.

„Ihre Tochter – hat sich umgebracht. Gestern Nachmittag."

„Umgebracht?"

70 Philipp legte das Pizzastück zur Seite. Schmeckte sowieso nicht, so kalt. Und jetzt schon gar nicht mehr.

„Warum denn?", wollte Manfred wissen.

„Ach, was weiß ich, was diese jungen Dinger immer haben", schluchzte Philipps Mutter. „Vielleicht fand sie sich zu dick. Vielleicht hat der Freund Schluss

75 gemacht. Irgendwas haben sie doch immer. Als Elvira jedenfalls gestern nach Hause kam, war die Polizei da. Sie hatten sie gefunden. Auf der A 2. Sie ist von der Fußgängerbrücke gesprungen. Auf die Autobahn."

„Au Mann!"

Philipp hatte nun wirklich keinen Hunger mehr. Er stand auf und warf sein Stück

80 Pizza in den Mülleimer. Nie wieder würde er diese Salamipizza essen können. Jedenfalls nicht, ohne dabei an Nadine zu denken. Nadine, die sich mit 16 Jahren das Leben genommen hatte.

Nadine war eine Klasse über Philipp gewesen. War. Philipp musste sich zwingen, jetzt in der Vergangenheit an sie zu denken. Denn sie war jetzt ja tot. Und

85 er würde sie nie wiedersehen.

Er hatte nie besonders viel Kontakt zu ihr gehabt. Sie war eher so eine Unauffäl-

Weber: Selbstmord – Warum? · ab Klasse 7
© Brigg Pädagogik Verlag GmbH, Augsburg

lige. Etwas dick, kurze Haare. So ein bisschen wie ein Junge sah sie aus. War aber nett. Und konnte gut Fußball spielen.

„Wieso ist sie denn dann tot?", wollte er jetzt wissen. So hoch war ihm die Brü-
90 cke nie erschienen.

„Oh, Mensch, du weißt wohl gar nichts", tönte Manfred und machte einen auf oberschlau. „Die Brücke ist bestimmt 20 Meter hoch. Und wenn man dann auf der Autobahn landet, ist man ziemlich tot."

„Ja?" Philipp konnte kein Blut sehen. Und bei der Vorstellung an eine zer-
95 quetschte Nadine wurde ihm ganz übel.

Jetzt schniefte seine Mutter wieder.

„Elvira steht total unter Schock!", erzählte sie weiter. „Ich war gerade bei ihr, aber der Arzt wollte das nicht. Er meinte, sie müsste jetzt schlafen. Aber ich habe genau gehört, wie schrecklich sie geweint hat. Ich habe dem Arzt gesagt,
100 dass ich ihre beste Freundin bin. Und dann durfte ich doch rein."

Jetzt liefen ihre Tränen wieder. Philipp schaute weg. Es war ihm peinlich, dass seine Mutter so vor Manfred weinte.

„Sie war so fertig", erzählte sie weiter. „Hat sich an mich geklammert und am ganzen Körper gezittert. Ich konnte ihr gar nicht helfen. Ich habe auch geheult."
105 Die Mutter fasste sich an den Kopf. „Oh Mann, eine schöne Hilfe bin ich ihr ge-
wesen. Habe genauso laut geschrien wie Elvira."

„Gisa", sagte Manfred jetzt liebevoll. „Du hast ihr bestimmt geholfen. Schon allein, weil du da warst und ihr gezeigt hast, dass du auch traurig bist."

„Meinst du?" Frau Kardenberg sah ihren Freund unter Tränen an.
110 „Ganz bestimmt."

Manfred zog ein Taschentuch aus der Tasche und wischte ihr die Tränen weg.

„Und jetzt koche ich dir mal einen Kaffee, ja?"

Er stand auf und schaltete den Wasserkocher an.

Auch Philipp erhob sich. Er hatte das Gefühl, hier überflüssig zu sein. Seine
115 Mutter musste getröstet werden, aber Manfred übernahm jetzt diese Rolle.

Was blieb Philipp da anderes übrig, als sich aus dem Staub zu machen.

Weber: Selbstmord – Warum? · ab Klasse 7
© Brigg Pädagogik Verlag GmbH, Augsburg

Die Clique saß diesmal bei Bruno im Partykeller. Das war mittlerweile oft der Ausweichtreffpunkt, wenn es auf der Bank zu kalt wurde.

Auch das Kiffen war hier ungefährlicher. Im Park rannten immer mal Leute vom Ordnungsdienst oder der Polizei herum.

5 Philipp wurde mit großem Hallo begrüßt. Yvonne fand seine Haare voll krass, und auch die anderen meinten, er sähe jetzt irgendwie cooler aus.

Nadines Selbstmord war auch hier das Thema Nummer eins. Wie ein Lauffeuer hatte es sich unter den Jugendlichen herumgesprochen.

„Von der Brücke springen, wenn ich das schon höre", tönte Bruno. „Das ist

10 doch kein typischer Mädchenselbstmord. Mädchen schnippeln sich doch immer die Pulsadern auf. Und dann legen sie sich in die Badewanne, damit es schön warm ist."

Die anderen lachten sich kaputt. Philipp war nicht zum Lachen. Er stand auf und machte sich eine Flasche Bier auf. Obwohl er eigentlich überhaupt kein Bier

15 mochte.

„Ich kenne ein Mädchen, das hat sich die Pulsader falsch rum aufgeschnitten", grölte Steffen noch. „Und die hat sich dann auf eine Parkbank gelegt, mit einem Abschiedsbrief daneben."

„Wie dämlich", kicherte Kathy. „Nichts ist peinlicher als ein missglückter Selbst-

20 mord. Dann sitzt du nämlich erst mal ein Jahr in der Klapse."

„Wie schneidet man sich denn die Pulsadern richtig auf?", wollte Philipp wissen.

„Also, erst mal nimmst du ein scharfes Messer oder eine Rasierklinge oder so was", erklärte Steffen fachmännisch. „Und dann musst du natürlich den richtigen Schnitt wählen."

25 Er schob seine Lederjacke hoch und zeigte seinen Unterarm. Die blauen Adern hoben sich kräftig hervor.

„Also, wenn du so quer über den Arm schnippelst, wird das natürlich nichts. Du musst schon …"

„Iih, hör auf", rief Yvonne und hielt sich die Ohren zu. „Ich will das nicht hören."

30 „Komm, Kleine, ich nehme dich unter meine Jacke", bot ihr nun Bruno an und breitete seine Lederjacke aus.

Yvonne versteckte ihr Gesicht in seiner Jacke. Die anderen lachten. Nur Philipp nicht. Es ging ihm auf die Nerven, dass sich Yvonne ständig von Bruno anbaggern ließ. Ihr schien es sogar Spaß zu machen.

35 Philipp nahm einen tiefen Schluck aus der Bierflasche.

„Ich finde es ganz schön mutig, von der Brücke zu springen", meinte er. „Und irgendwie ist es auch cool. Sie hatte die Schnauze voll, hat sich verabschiedet, ein Sprung und aus und vorbei."

Nun riefen alle durcheinander.

40 „Aber das kann auch total danebengehen. So hoch ist die Brücke doch gar nicht", rief Steffen. „Und stell dir vor, du überlebst das alles."

„Wenn du schwer verletzt bist, hast du echt verloren", überlegte Kathy. „Dann schieben sie dich bis zu deinem Lebensende im Rollstuhl rum."

Weber: Selbstmord – Warum? · ab Klasse 7
© Brigg Pädagogik Verlag GmbH, Augsburg

Die Clique

Yvonne war jetzt wieder unter Brunos Jacke hervorgekrochen.

45 „Und wenn du nach dem Sprung von einem Auto überfahren wirst, siehst du ziemlich übel aus, wenn du tot bist!", meinte sie.

Nun lachten alle. Das war typisch Mädchen. Die dachten immer ans Aussehen.

„Klar, Yvonne würde sich vor ihrem Selbstmord noch mal gut schminken und ein gutes Deo auftragen", lachte Kemal.

50 Jetzt wurde es doch noch lustig. Jeder hatte einen komischen Beitrag zum Thema.

Philipp erzählte von einer, die Tabletten genommen hatte und dann versuchte, ihren Freund anzurufen und um Hilfe zu bitten. Aber der hatte sein Handy ausgeschaltet. Da musste sie schließlich selbst den Rettungswagen anrufen. Stef-

55 fen erzählte von einem, der sich ertränken wollte. Aber dann sprang jemand ins Wasser und holte ihn wieder raus.

Das Thema war wirklich urkomisch. Sie lachten Tränen.

Und als Philipp abends nach Hause ging, fühlte er sich irgendwie besser.

Für Philipp war es selbstverständlich, zu Nadines Beerdigung
60 zu gehen. Schließlich hatte er sie gekannt. Nicht sehr gut, aber doch immerhin. Außerdem wollte er seine Mutter nicht alleine lassen.

Vor allem aber wollte er einmal sehen, wie eine Trauerfeier so ablief. Er war noch nie
65 auf einer Beerdigung gewesen. Und er hatte noch nie einen Toten gesehen.

Als er in schwarzer Jeans, schwarzem T-Shirt und schwarzer Lederjacke neben seiner Mutter auf die kleine Kapelle am Anfang des Friedhofs
70 zuging, wusste er, dass jetzt etwas Beson-deres anstand.

Dann sah er schon Elvira, die Freundin seiner Mutter. Sie kam weinend auf Philipps Mutter zuge-laufen. Frau Kardenberg nahm ihre Freundin in die Arme, ging dann zu Elviras
75 Familie hinüber. Elviras Mann und die beiden Geschwister standen dort blass und mit verweinten Gesichtern. Die schwarze Kleidung ließ sie noch trauriger aussehen.

Und nun sah Philipp auch die Klassenkameraden von Nadine, die sich alle um den Klassenlehrer versammelten.

80 „Möchte noch jemand Abschied nehmen?", fragte nun ein Mann mit einem schwarzen Zylinder. „Wir wollen mit der Beerdigung beginnen."

„Ja, ich", sagte Philipp und war über seine eigene Stimme erschrocken. Abschied nehmen? Was bedeutete das?

Der Mann öffnete ihm eine Tür, und dann stand Philipp ganz allein vor dem hellen
85 Holzsarg. Darin lag Nadine. Sie sah aus wie immer. Nur, dass sie eben tot war.

Weber: Selbstmord – Warum? · ab Klasse 7
© Brigg Pädagogik Verlag GmbH, Augsburg

Eigentlich war Philipp erstaunt, dass sie so normal aussah. Sie musste doch Verletzungen von dem Sprung haben. Oder hatte das Beerdigungsinstitut sie so zurechtgemacht? Lagen vielleicht die roten Rosen so dicht um ihren Kopf, damit man keine Verletzungen sehen konnte?

90 Zögernd trat Philipp näher. Nadine sah eigentlich doch nicht so aus wie immer. Sie war in Wirklichkeit nie so hübsch gewesen. Das Beerdigungsinstitut hatte sie schön geschminkt, die Rosen sorgfältig um ihren Kopf gelegt. Außerdem trug sie nun ein weißes Kleid. Dabei hatte Nadine immer nur Jeans und schwarze Pullover getragen.

95 Philipp konnte sich vorstellen, dass es Nadine nicht besonders gefallen hätte, so zurechtgemacht zu werden. Gleichzeitig sah sie aber dadurch sehr schön aus.

Er beugte sich über sie und betrachtete sie genauer.

Man konnte sehen, dass sie nicht mehr da war. Das was hier lag, war nur noch

100 eine Hülle. Sie selbst war schon ganz woanders. Wahrscheinlich schaute sie von oben auf das Geschehen und lachte über all die Weinenden.

Die Tür wurde geöffnet und der Mann mit dem Zylinder schaute herein.

„Fertig?", fragte er ungeduldig.

„Gleich", sagte Philipp.

105 Die Tür schloss sich wieder.

Philipp ging auf Nadine zu.

„Tschüss, Nadine", sagte er leise. „Und wir sehen uns bestimmt irgendwann."

Er streckte seine Hand aus und strich ihr über das Haar. Dann zuckte er zusammen und zog die Hand zurück. Das Haar fühlte sich so anders an. So ganz un-

110 beschreiblich merkwürdig. So ganz anders als Haar. So ganz anders als alles, was er bis jetzt gefühlt hatte.

Eine Gänsehaut lief ihm über den Rücken. Das war mehr als unheimlich.

Philipp bewegte sich in schnellem Tempo rückwärts zur Tür, stieß dabei gegen den Mann vom Beerdigungsinstitut. Die Berührung erschreckte ihn fast zu Tode.

115 „Fertig?", fragte der Mann.

Philipp nickte. „Ja, danke."

Es war eine große Beerdigung. Die kleine Kapelle war voller Menschen.

Und ganz vorne lag Nadine in diesem hellen Holzsarg. Er war jetzt geschlossen. Trotzdem musste Philipp immer an Nadine denken, wenn er den Sarg

120 anschaute.

Der Pastor erzählte aus Nadines Leben. Dass sie gerne Gedichte geschrieben hatte. Und dass sie „Tote-Hosen-Fan" war.

Und dann spielten sie „Zu Besuch" von den Toten Hosen. Das hätte eigentlich gut geklungen, wenn nicht Nadines Eltern und Geschwister so schrecklich dabei

125 geweint hätten.

Danach versammelten sich die Klassenkameraden rund um den Sarg und sprachen einen Abschiedspruch. Dabei legten sie eine Rose auf den Sargdeckel. Sie

Weber: Selbstmord – Warum? · ab Klasse 7
© Brigg Pädagogik Verlag GmbH, Augsburg

sagten so etwas wie: „Wir werden dich vermissen", oder „Ich denke immer an dich" und auch „Ich weiß gar nicht, wie das Leben ohne dich weitergehen soll".

130 Einige Klassenkameraden weinten dabei.

Und nun begann auch Philipps Mutter zu weinen. Das war schrecklich. Wenigstens sie hätte die Fassung bewahren sollen, fand Philipp.

In seinem Hals hatte sich ein dicker Kloß gebildet.

Jetzt stand ein Mädchen auf und ging nach vorne. Philipp kannte sie vom Se-

135 hen. Sie wohnte bei Philipp im Haus, in der Wohnung unter ihnen und hieß Lea, wenn sich Philipp richtig erinnerte. Er hatte aber noch nie mit ihr geredet.

Lea war so alt wie er. Sie ging in die Parallel-Klasse. Aber sie sah viel jünger aus. Klein, dünn und mit randloser Brille. Heute trug sie ein schwarzes Kleid und hatte ihre blonden langen Haare hochgesteckt. Das machte sie noch kleiner und

140 kindlicher.

Einen Moment lang hantierte sie mit dem Mikrofon herum, gab dann dem Orgelspieler durch Kopfnicken ein Zeichen. Der schlug einen Akkord an, begann dann ein Vorspiel.

Und nun sang diese kleine Lea. Mit sauberer, glasklarer Stimme.

145 „Time to say goodbye".

Nun war es endgültig um Philipp geschehen. Seine Tränen liefen, ohne dass er es verhindern konnte. Aber im Grunde war das nicht so schlimm. Schließlich weinten die anderen auch alle.

Dann war der Gottesdienst zu Ende, und alle folgten dem Sarg auf den Friedhof.

150 Ein kühler Wind wehte. Philipp war froh darüber. Er hielt seinen Kopf gesenkt. Hoffentlich sah niemand, dass er geweint hatte.

Seine Mutter hatte sich bei ihm eingehakt. Ihr Körper war warm und tröstlich.

Die Männer vom Beerdigungsinstitut ließen den Sarg in die Erde. Philipp fror.

Das war jetzt ein endgültiger Abschied. Aus dieser Kiste gab es kein Entrinnen

155 mehr.

Was das wohl für ein Gefühl war, in so einer Kiste zu liegen? Mit so viel Erde oben drauf.

Andererseits spürte man das ja wohl nicht mehr, oder?

Nach und nach traten alle vor die Grube. Warfen Blumen oder Sand zum Sarg

160 hinunter.

Seine Mutter stellte sich mit ihm in der langen Reihe an.

Irgendwann waren sie dran. Philipp sah zum Sarg hinunter. Ganz schön tief.

Seine Mutter warf ihren Blumenstrauß auf den Sarg. Philipp schaufelte mit der kleinen Schaufel Sand hinterher, wie er es bei den anderen Männern gesehen

165 hatte. Und irgendwie kam er sich dabei ziemlich erwachsen vor.

Weber: Selbstmord – Warum? · ab Klasse 7
© Brigg Pädagogik Verlag GmbH, Augsburg

Zum Kaffeetrinken ging Philipp nicht mit. Er hatte genug von Tränen und Traurig-
keit. Also nichts wie zur Parkbank. Auch wenn es heute ziemlich windig war.
Philipp war immer noch in Schwarz, aber das war sowieso seine Lieblingsfarbe.
Als er um die Ecke bog, sah er schon von weitem, dass Yvonne und Bruno nicht
5   auf dem Spielplatz waren. Komisch. Freitags waren sie eigentlich immer hier. Ein
ungutes Gefühl beschlich Philipp.
Steffen, Kemal und Kathy winkten ihm zu.
„Hi Alter."
„Habt ihr Yvonne gesehen?"
10 „Ich dachte, die ist bei dir, Alter."
Seit Kemal diese türkischen Comedy-Sendungen guckte, redete er immer mit
diesem starken Akzent und setzte ein „Alter" hinter jeden Satz. Dabei sprach er
eigentlich fließend deutsch.
Philipp zog sein Handy aus der Tasche und wählte Yvonnes Nummer. Die Stimme
15 des Anrufbeantworters meldete sich. Wie ein Alarmzeichen.
Ob Yvonne und Bruno …? Aber das war irgendwie nicht so recht zu glauben.
Yvonne und er waren fast ein Jahr zusammen. Und Yvonne war immer ehrlich zu
ihm gewesen.
„Hee, Philipp, was machst du für ein Gesicht? Und dann bist du auch noch ganz in
20 Schwarz. Du siehst aus wie ein Grufty."
Kathy rückte zur Seite und deutete auf die Bank, damit er sich setzen konnte. Aber
Philipp setzte sich nicht.
„Ich fühle mich wie 'ne lebende Leiche", meinte er. „Ich komme gerade von 'ner
Beerdigung."
25 „Von Nadines? Warst du da? Wie war es?"
Philipp winkte ab.
„Ganz normal", meinte er. Dabei setzte er ein Gesicht auf, als wenn er jeden Tag
zu einer Beerdigung ginge.
„Cool", meinte Kathy, und das war irgendwie auch ein komischer Kommentar.
30 Philipp hatte keinen Nerv mehr, weiter mit der Clique hier herumzuhängen. Ihr
Qualmen und Gekiffe, ihre Gespräche, ihre Langweile, das alles ging ihm tierisch
auf den Keks. Wenn er nur wüsste, wo Yvonne war.
„Ich geh mal wieder", meinte er.
Niemand hielt ihn auf.

35 Bruno wohnte mit seinen Eltern in einem Mehrfamilienhaus in der Kingbertstraße.
Wenn man dort durch den Garten und dann um das Haus herum ging, traf man
auf den Kellereingang, und genau dort befand sich der Kellerraum, in dem sich
die Clique immer traf.
Mit einem Sprung setzte Philipp über den Gartenzaun. Aus irgendeinem Grund
40 wollte er nicht, dass das Gartentörchen quietschte. Er wollte keinen Laut hinter-
lassen. Damit er vielleicht – ja was eigentlich? Glaubte er, dass Yvonne sich bei
Bruno aufhielt? Das war doch lächerlich.

Weber: Selbstmord – Warum? · ab Klasse 7
© Brigg Pädagogik Verlag GmbH, Augsburg

Yvonne und Bruno

Yvonne und er waren seit fast einem Jahr zusammen. Seit einem Jahr!
Sie war seine erste Liebe, und er ihre.

45   Sie hatten sich bei einer Fete im Jugendzentrum kennengelernt. Hatten stunden-
lang miteinander gequatscht. Waren dann nach draußen gegangen, in den Park
an den Rhein.
Hatten weiter gequatscht, und schließlich vorsichtig miteinander geschmust.
Schließlich hatten sie sich geküsst. Immer und immer wieder.

50   Seitdem waren sie unzertrennlich.
Im Juli wollten sie zusammen zelten. Dann würden sie auch zum ersten Mal mitei-
nander schlafen.
Nein, Yvonne würde ihn nicht verlassen. Schon gar nicht wegen Bruno, dem alten
Kiffer!

55   Plötzlich blieb Philipp wie angewurzelt stehen. Das rote Fahrrad, das dort an der
Hauswand lehnte, kam ihm verdammt bekannt vor. Es gehörte Yvonne.
Philipp spürte, wie ihm das Blut aus dem Gesicht wich. Sein Körper erschien ihm
kalt und starr. Gleichzeitig klopfte sein Herz bis zum Hals.
Yvonne war also hier. Bei Bruno.

60   Aber irgendwie konnte das nicht wahr sein.
Und wenn es wahr war, dann gab es dafür eine Erklärung. Vielleicht würde sie
hier auf Philipp warten. Weil es doch heute so windig war. Und weil er bis jetzt
noch nicht an der Bank erschienen war. Und weil er ihr bisher noch keine SMS
geschrieben hatte.

65   Aber es gelang Philipp nicht, sich selbst zu beruhigen. Langsam nahm er den
Weg zum Kellerfenster. Ließ sich dann auf die Knie herunter und schaute durch
das Fenster.
Dann erstarrte er. Was er nun zu sehen bekam, tat so schrecklich weh, dass er
keine Luft mehr bekam.

70   Bruno und Yvonne befanden sich in dem großen Kellerraum. Eng
umschlungen. Sie bewegten sich langsam von einem Bein auf das
andere. Als wenn sie tanzten. Yvonne hielt die Augen geschlossen. Sie hatte ihre Arme um Brunos Hals geschlungen. Um diesen
fetten Hals! Ihre Wange lehnte an seiner dicken Plusterbacke. Ein-

75   fach lächerlich sah das aus. Ja, einfach nur super lächerlich. Und
eigentlich hätte Philipp gerne gelacht. Laut losgeprustet.
Brunos Blick war auf den Boden gerichtet. Seine Arme streichel-
ten Yvonnes Rücken hinauf und wieder hinunter. Dabei hatte er
ein romantisches Gesicht aufgesetzt. Und auch das sah irgendwie

80   total albern aus. Der dicke Bruno machte einen auf romantisch.
Das war nur zu komisch. Am liebsten hätte Philipp gegen das
Fenster geklopft und etwas gerufen. Irgendwas wie „Guckt doch
nicht so blöd!" oder „Merkt ihr nicht, wie doof ihr ausseht?"
Er tat es nicht. Er tat überhaupt nichts, um sich bemerkbar zu ma-

85   chen. Im Gegenteil. Er stand ganz leise auf und schlich davon.

Weber: Selbstmord – Warum? · ab Klasse 7
© Brigg Pädagogik Verlag GmbH, Augsburg

Was das wohl für ein Gefühl war, wenn man starb? Ob man Schmerzen hatte? Ob man Angst hatte vor diesem Tag?

Bewegungslos saß Philipp auf seinem Bett und starrte vor sich hin.

Hatte Nadine Angst gehabt als sie starb? Hatte sie Angst gehabt, als sie so allein
90 auf der Brücke stand?

Wann hatte sie sich vorgenommen zu sterben? Lange vorher? Oder war es eine plötzliche Entscheidung gewesen?

Eigentlich war es gar nicht so schlecht, tot zu sein. Wirklich gar nicht schlecht. Die Welt war sowieso nicht besonders lebenswert. Im Gegenteil. Sie war eine ganz
95 schöne Zumutung. Immer war man allein. Besonders dann, wenn man mal jemanden brauchte, mit dem man in Ruhe über alles quatschen wollte.

Mit Yvonne hatte Philipp über alles reden können. Aber die gab es jetzt nicht mehr. Und Philipp verbot sich, auch nur einen Gedanken an sie zu verschwenden. Sie war einfach für ihn gestorben. Wie Nadine.

100 Philipp ließ sich auf sein Kopfkissen fallen und dachte nach.

Eigentlich hatte es nur wenige Momente im Leben gegeben, in denen er so richtig glücklich gewesen war. Früher, als er klein gewesen war, vielleicht. Als der Vater noch bei ihnen gewohnt hatte. Und als die Mutter noch mehr Zeit für ihn gehabt hatte.

105 Jetzt musste sie immer so lange arbeiten, um Geld für die Miete und das Essen zu verdienen. Und die wenige Zeit, die Philipp mit ihr blieb, musste er jetzt auch noch mit Manfred teilen.

Dann war Philipp noch glücklich gewesen, als Yvonne bei ihm war. Dieser Wirbelwind von Yvonne! Sie konnte so wahnsinnig gut drauf sein, und kurze Zeit später,
110 so wahnsinnig streiten. Sie hatte immer eine Idee, was man machen konnte, wenn der Nachmittag langweilig war. Und sie konnte Philipp von null auf hundertundachtzig bringen. In einer Minute. Das schaffte kein Rennwagen.

Jetzt allerdings war seine Stimmung auf null.

Aber jetzt gehörte Yvonne ja auch zu Bruno.

115 Philipp zog sich das Kissen über das Gesicht. Alles um ihn herum war dunkel. Dunkel und warm.

Ob es sich so anfühlte, wenn man tot war? Das war eigentlich kein schlimmes Gefühl. Im Gegenteil. Es fühlte sich ruhig und friedlich an.

Vielleicht sollte er sich auch für die andere Seite entscheiden. Für den Tod. Was
120 gab es für gute Methoden, sich aus dem Leben zu verabschieden? Die Autobahnbrücke? Dabei fielen ihm Kathys Bedenken ein. Querschnittsgelähmt im Rollstuhl durch die Gegend zu fahren, war nicht gerade eine prickelnde Zukunftsaussicht. Und erhängen? Man durfte sich eben nicht so dumm dabei anstellen. Wenn der Strick riss und man dabei so peinlich auf den Boden knallte, war es ja wirklich
125 lächerlich.

Wie das wohl ging mit dem Erhängen? Na klar. Man knotete sich eine Schlinge und hängte sie an der Decke auf. Dann stieg man auf einen Stuhl, steckte den Kopf in die Schlinge und zog sie fest. Danach musste man den Stuhl wegstoßen.

Weber: Selbstmord – Warum? · ab Klasse 7
© Brigg Pädagogik Verlag GmbH, Augsburg

130 Ja und dann hing man da und kriegte keine Luft mehr. Und mit jedem Zappeln, mit jedem Versuch, davon loszukommen, zog sich die Schlinge enger und enger.

Was es wohl für ein Gefühl war, keine Luft mehr zu bekommen? Ob man dabei in Panik geriet? Ob man in letzter Minute versuchte, sich doch noch zu befreien? Ob es einem dann leid tat, so einen letzten Schritt gewählt zu haben?

Philipps Blick fiel auf seine Jeans, die auf dem Boden lag. In ihr steckte dieser
135 braune Gürtel, den ihm seine Mutter beim letzten Stadtbummel gekauft hatte.

Philipp zog den Gürtel heraus und legte ihn sich um den Hals. Es war ein breiter Ledergürtel. Ganz schön fest war er. Der konnte einen wirklich zum Ersticken bringen.

Philipp zog den Gürtel fester. Ui, ui, das war ein ziemlich unheimliches Gefühl. Da
140 konnte man wirklich ganz schön in Panik geraten. Schade, dass der Gürtel nur so wenige Löcher hatte. Sonst könnte er versuchen, das Gefühl eine Weile festzuhalten. Einfach so, um zu sehen, wann die Panik einsetzte.

Die Idee war gar nicht schlecht.

Philipp griff zur Schere und stach ein paar Löcher in den Gürtel. Probierte erneut,
145 ob der Gürtel um den Hals passte.

Ja, so war es gut.

Philipp legte sich den Gürtel um den Hals und ließ die Schnalle in dem vorletzten Loch einrasten. Dabei schlug sein Herz bis zum Hals.

Langsam atmete Philipp aus und versuchte dabei, so wenig Luft wie möglich zu
150 verbrauchen. Bis alle Luft aus ihm gewichen war, verging eine Zeit. Dann wurde es eng.

Philipp japste, versuchte erneut zu atmen. Aber der Gürtel verhinderte das. Das Leder schnitt in seinen Hals. Panik erfasste Philipp.

War das dieses Gefühl? Starb man so?

155 Oh Gott, er musste wieder Luft bekommen. Sonst war er wirklich gleich mausetot.

Philipps Hände fassten nach dem Gürtelende. Um die Schnalle aus dem Loch zu bekommen, musste man den Gürtel noch ein Stückchen enger ziehen.

Philipp keuchte. Seine Hände zitterten. Gleich würde sein Kopf platzen, sein Hals zerquetschen.

160 Er zog den Gürtel enger, und noch enger. Himmel, kriegte er jetzt die Schnalle gar nicht mehr los? Starb er jetzt aus Versehen?

Da, Gott sei Dank. Der Gürtel gab nach. Die Schnalle öffnete sich.

Die Luft strömte in seine Lungen. Philipp hustete. Dann zwang er sich, langsam zu atmen.

165 Es war überstanden. Er lebte noch.

Weber: Selbstmord – Warum? · ab Klasse 7
© Brigg Pädagogik Verlag GmbH, Augsburg

Plötzlich klingelte es. Philipp zuckte zusammen. Blitzartig ließ er den Gürtel in der Schreibtischschublade verschwinden.

Dann warf er einen kurzen Blick in den Badezimmerspiegel. Um seinen Hals herum hatten sich rote Striemen gebildet. Verdammt! So konnte er nicht zur Tür
5   gehen.

Wieder klingelte es. Gehetzt sah sich Philipp in der Wohnung um. Da, das dunkle Tuch! Damit konnte er die Striemen überdecken.

„Philipp?" Das war Yvonnes Stimme. Sie trommelte an die Tür. „Mach auf! Ich weiß, dass du da bist!"
10   „Hee, bleib cool!", fluchte Philipp genervt und öffnete die Tür.

Yvonne fiel ihm schluchzend um den Hals.

„Oh Gott, was ist denn jetzt schon wieder! Komm doch rein und mach nicht so einen Zirkus!"

Yvonne trat in Philipps Zimmer und ließ sich auf sein Bett fallen. Philipp setzte
15   sich auf seinen Schreibtischstuhl. Es war jetzt besser, auf Abstand zu gehen.

Yvonne hielt ihre Hand vor den Mund gepresst. Ihr Getue ging ihm auf die Nerven. Sie sollte klar Schiff machen. Sollte sagen, dass sie jetzt mit Bruno ging. War ja eigentlich kein Ding. Sie waren schließlich lange genug zusammen.

„Hör zu, Philipp", murmelte Yvonne nun gepresst. „Ich weiß nicht, was ich ma-
20   chen soll. Ich glaube, ich habe mich in Bruno verliebt. Aber gleichzeitig …" Sie quietschte jetzt in hohen Tönen. Das ging Philipp einfach nur auf die Nerven.

„… gleichzeitig liebe ich dich auch noch. Und jetzt weiß ich gar nicht, was ich machen soll."

Oh Gott, konnten Mädchen nerven. Sollte er ihr nun einen Ratschlag geben?
25   Das war ja wohl zu viel verlangt.

„Was willst du denn dann von mir!", schnauzte er sie an. „Soll ich jetzt die Entscheidung übernehmen?"

„Ehrlich gesagt, ja", schniefte Yvonne. „Ich weiß nämlich gar nicht mehr, wo hinten und vorne ist."
30   Es reichte Philipp. Schon lange.

„Soll ich dir mal was sagen", meinte er dann. „Da hinten ist die Tür. Dadurch verschwindest du, ist das klar? Ich will dich nämlich nicht mehr sehen. Kapiert? Kapiiiert?"

Nun starrte ihn Yvonne mit großen Augen an. Sie schluchzte noch einmal,
35   presste wieder die Hand vor den Mund und rannte dann aus der Wohnung.

Philipp atmete tief durch. Sie war weg! Diese alte Schlampe war endlich verschwunden. Sie sollte auch aus seinem Leben verschwinden. Für immer!

Er hatte schon andere Pläne für sich gefunden. Und dafür brauchte er Yvonne nicht. Im Gegenteil.

40   Leise öffnete Philipp die Tür zum Dachboden. Hier war er schon lange nicht mehr gewesen. Früher, als er seiner Mutter beim Wäsche aufhängen geholfen hatte, war er hier herumgelaufen.

Weber: Selbstmord – Warum? · ab Klasse 7
© Brigg Pädagogik Verlag GmbH, Augsburg

Der Dachboden

Der Dachboden war groß und sauber. Ein paar Mieter hatten ihre Wäsche auf der Leine verteilt. Andere hängten sie auf die Wäschespinne in der Ecke.

45 Philipp wanderte auf dem Boden auf und ab. Prüfte die Dachbalken, überprüfte die Statik. Der Querbalken hinter der Wäschespinne war ein geeigneter Ort, ein Seil aufzuhängen. Ob er hielt?

Philipp sah sich weiter auf dem Boden um. In der einen Ecke stand ein alter Stuhl. Den nahm er sich und schob ihn unter den Balken. Er stieg auf den Stuhl,

50 hängte sich an den Balken und probierte einige Klimmzüge. Der Balken knarrte, aber er hielt.

Nicht dass Philipp wirklich vorhatte, sich umzubringen. Das wäre ja lächerlich, nur wegen Yvonne und so. Aber man konnte nie wissen, wohin das Leben einen noch so bringen konnte. Und im Moment stand ihm der Tod halt ein bisschen

55 näher.

Plötzlich hörte Philipp Schritte. Dann war jemand an der Tür.

Philipp duckte sich und kroch hinter die Dachpfannen.

Es war Frau Schwarz, Leas Mutter, die auf dem Boden erschienen war. Sie trug einen Wäschekorb unter dem Arm. Philipp hatte keine Lust, entdeckt zu werden.

60 Er machte sich hinter den Dachpfannen ganz klein und wartete. Es dauerte eine Weile, bis sie alle Wäschestücke aufgehängt hatte. Philipp bewegte sich nicht und wartete geduldig. Erst als sie den Dachboden verlassen hatte, machte er sich ebenfalls aus dem Staub.

Weber: Selbstmord – Warum? · ab Klasse 7
© Brigg Pädagogik Verlag GmbH, Augsburg

Philipp verstand selbst nicht, warum er wieder auf den Spielplatz gegangen war. Vielleicht, um noch einmal zu überprüfen, ob das alles stimmte, was er doch schon lange wusste. Vielleicht aber auch, um Yvonne zu beweisen, dass ihn ihre Beziehung zu Bruno nicht störte.

5 Im Grunde war es aber auch so, dass er nicht wusste, wohin er sonst gehen sollte. Die Leute hier waren seine Freunde. Andere hatte er nicht. Und ohne sie war er noch einsamer, als er sich ohnehin schon fühlte.

Trotzdem war es schrecklich, zwischen den anderen zu sitzen und so zu tun, als wenn es ihm nichts ausmachte, dass Yvonne und Bruno so dicht nebeneinan-

10 der saßen und hin und wieder lange Blicke tauschten. Yvonne war so nett, nicht mit dem dicken Typen rumzuschmusen, sondern sich so neutral wie möglich zu verhalten. Aber es war nicht zu übersehen, dass sie hinter Bruno her war.

Bruno war anders. Er wollte mehr von Yvonne. Grabschte immer mal wieder ihre Hand oder lehnte sich so weit zurück, dass er ihren Körper berührte. Dann

15 hätte ihm Philipp am liebsten eine gescheuert.

Die anderen taten so, als hätte sich nichts verändert. Aber Philipp wusste, dass sie es alle wussten: Yvonne ging jetzt mit Bruno.

Er sah es vor allem an Kathy. Sie schaute ihn immer so mitleidig an. Dabei war Mitleid das Letzte, was Philipp ertragen konnte.

20 Schließlich hielt er es nicht mehr aus.

„Ich geh mal", sagte er. „Hab noch ein Treffen mit einer aus der 8. Klasse."

Täuschte er sich, oder sah Yvonne nun wirklich ein bisschen eifersüchtig aus. Oder war es eher so, dass ihm die anderen das nicht glaubten?

Egal, er konnte es sowieso nicht ändern. Er stand auf und ging.

25 Sein Treffen mit dem Mädchen aus der 8. Klasse fand auf dem Friedhof statt. Das Mädchen hieß nämlich Nadine und lag hier auf dem Friedhofsplatz mit der Nummer 7429. Gleich hinter der großen Kreuzung den kleinen Weg links rein, dann an dem Busch vorbei und da kam es schon.

Philipp sah es schon von weitem. Es war das Grab, auf dem noch ein Berg

30 Kränze und Blumen lagen.

Als er näher kam, spürte er eine große Verbundenheit mit Nadine. Wie gut konnte er sie verstehen. Sie hatte einfach nicht viel Glück mit dem Leben gehabt. Wie er. Sie hatte keinen Freund, vielleicht auch keine Freunde. Genau wie er. Vielleicht war sie auch schlecht in der Schule gewesen. Der Sechserkandidat

35 in Englisch und Deutsch. Genau wie er. Vielleicht liebte sie auch jemanden, der mit einem anderen ging. Genau wie er.

Das Leben konnte schon ganz schön gemein sein.

An Nadines Grab blieb Philipp stehen und betrachtete den Berg an Blumen. Wenn Nadine gewusst hätte, dass so viele Menschen um sie trauerten, wäre sie

40 dann geblieben? Wahrscheinlich nicht. Denn wahrscheinlich hätte sie auch in 20 Jahren noch nicht erfahren, wie viele Menschen traurig waren, wenn sie nicht mehr lebte. Das erfuhr man ja zu Lebzeiten nicht.

Weber: Selbstmord – Warum? · ab Klasse 7
© Brigg Pädagogik Verlag GmbH, Augsburg

Auf dem Friedhof

Aber vielleicht hatte sie es vom Himmel aus gesehen, hatte gesehen, wie ihre
Eltern und ihre Geschwister weinten, hatte gesehen, wie die Klassenkameraden
45 weinten. Und bestimmt hatte sie auch gemerkt, wie sich alle schuldig fühlten.
Sie waren nicht nett zu ihr gewesen. Das hatten sie jetzt davon!
Plötzlich musste Philipp an seine Beerdigung denken. Wer würde da wohl kommen?
Seine Mutter würde in der ersten Reihe sitzen, neben diesem blöden Manfred.
50 Sie würde furchtbar weinen, genau wie Nadines Mutter schrecklich geweint
hatte. Und dann würde sie an die schönen Zeiten denken, als sie noch mit ihm
allein gelebt hatte, ohne diesen Typen an ihrer Seite.
Neben Manfred würde wahrscheinlich sein Vater sitzen. Allein bestimmt, denn
mit seiner neuen Freundin lief es schon seit Wochen nicht mehr so gut. Sein
55 Vater würde sich bestimmt Vorwürfe machen, dass er so früh aus der Familie
ausgestiegen war. Er würde daran denken, dass er sich nie um seinen Sohn ge-
kümmert hatte. Und dass sein Sohn bestimmt noch leben würde, wenn er etwas
mehr Einsatz gezeigt hätte.
Und in der zweiten Reihe würden die aus der Clique sitzen und würden heulen.
60 Wahrscheinlich brächte sogar der dicke Bruno ein paar Tränen zustande. Aber
der wäre nicht wirklich traurig. Der würde nur Yvonne zuliebe ein bisschen so
tun als ob.
Aber Yvonne, die wäre bestimmt fix und fertig. Die könnte danach Jahre nicht
mehr schlafen. Die würde es wirklich bereuen, dass sie mit ihm Schluss ge-
65 macht hatte. Ja, das geschah ihr Recht.
Und auch Kathy wäre traurig, und Kemal und Steffen.
Vielleicht sogar ein paar aus seiner Klasse.
Philipp schaute sich auf dem Friedhof um. Gab es hier ein
freies Plätzchen, auf dem er gerne liegen würde? Da, eine
70 Reihe von Nadine entfernt gab es ein sonniges freies
Plätzchen zwischen zwei schön bepflanzten Gräbern.
Vielleicht würde er dieses Grab bekommen. Dann könnten
sich die Besucher dort vorne auf die Bank in die Sonne
setzen, ein bisschen bei ihm bleiben und an ihn
75 denken.
„Hallo!", hörte Philipp plötzlich eine Stimme neben sich.
Er schoss herum. Neben ihm stand diese Lea. Sie hatte
eine Rose in der Hand.
„Hi", sagte Philipp und war ein bisschen verlegen. Er wollte
80 gerne am Grab alleine sein und in Ruhe an seine Beerdigung
denken.
„Willst du lieber alleine sein?", fragte Lea nun. „Dann gehe
ich sofort wieder."
„Nein, nein", sagte Philipp schnell. „Kein Problem,
85 dass du da bist."

Weber: Selbstmord – Warum? · ab Klasse 7
© Brigg Pädagogik Verlag GmbH, Augsburg

Lea legte die Rose auf dem Blumenberg nieder. Dabei sah sie ganz traurig aus. Dann trat sie zurück und schaute auf den Grabhügel.

„Nicht zu glauben, dass sie tot ist", sagte sie dann. Ihre Stimme klang brüchig.

Philipp hatte Angst, dass sie anfangen würde zu weinen. Er konnte es nicht lei-

90 den, wenn jemand heulte.

Gott sein Dank brach Lea nicht in Tränen aus. Sie wandte ihm ihr Gesicht zu und sah ihn aufmerksam an.

„Warst du mit ihr zusammen? Sie hat nie von dir erzählt."

„Nein, nein", winkte Philipp erschrocken ab. „Wir kannten uns nur so flüchtig."

95 Er überlegte, was er erzählen sollte.

„Ich hab sie erst so richtig bemerkt, als sie tot war", sagte er dann. „Fand ich total mutig von ihr, so von der Brücke in den Tod zu springen."

„Mutig?" Lea sah jetzt ganz entsetzt aus. „Das ist doch nicht mutig. Das ist sogar schrecklich feige. Es ist viel schwieriger zu leben. Mit all dem Stress und den

100 Schwierigkeiten, die es im Leben gibt. Sich umzubringen schafft doch jeder. Ein Schuss, ein Sprung, ein Berg von Tabletten, und schon bist du nicht mehr da."

„Aber …" Philipp fand das nicht besonders nett von ihr, wie sie über Nadine sprach. „Sie hat es doch auch getan, weil sie unglücklich war. Sie hatte einfach keinen Bock mehr auf dieses Leben. Es hatte vielleicht keinen Sinn mehr für sie

105 oder so."

Aber das ließ Lea nicht gelten.

„Gott hat uns das Leben geschenkt, und dann sollten wir es uns nicht einfach so wegnehmen", sagte sie.

Dass sie jetzt auch noch mit Gott ankam, fand Philipp echt kindisch. Gott? Wer

110 sollte das denn sein? Dieser alte Mann im Himmel? Was verstand der denn vom Leben?

„Meine Güte, wie bist du denn drauf", fuhr er sie an.

Jetzt betrachtete er sie genauer. Sie sah irgendwie ein bisschen altmodisch aus. Aber sie wirkte auch erwachsen und ernst.

115 „Wer glaubt denn schon an Gott", sagte er dann. „Außerdem hat sie ihn sicherlich nicht darum gebeten, auf die Welt zu kommen. Und wenn sie schon mal da war, hätte er sich ja auch mal ein bisschen mehr um sie kümmern können." Er räusperte sich. „Jedenfalls wenn es ihn gibt, was ich echt bezweifle."

Jetzt standen sie nebeneinander und schauten auf das Grab.

120 „Ich könnte mir jedenfalls auch manchmal vorstellen, einfach von dieser Welt zu verschwinden", sagte er plötzlich.

Gleich darauf ärgerte er sich. Warum erzählte er so viel. Es war nicht gut, mit so einem Mädchen darüber zu sprechen. Gleich kam sie bestimmt wieder mit Gott und seiner übergroßen Liebe für die Menschheit, von der Philipp nur leider

125 nichts merken konnte.

„Ich finde immer, wenn einem das Leben nichts mehr wert ist, sollte man für ein Jahr nach Afrika gehen und den Menschen dort helfen. Dann hat man wenigstens zuletzt etwas Wertvolles geleistet", sagte Lea schließlich.

Weber: Selbstmord – Warum? · ab Klasse 7
© Brigg Pädagogik Verlag GmbH, Augsburg

Auf dem Friedhof

Philipp glaubte, seinen Ohren nicht zu trauen.

130 „Afrika? Du hast wohl 'ne Schraube locker, oder? Das ist ganz schön gefähr-
lich da. Man kann sich Malaria oder Aids holen oder von 'nem Löwen gefressen
werden."

„Aber das kann einem ja egal sein. Wenn man doch sowieso sterben will", sagte
sie dann.

135 Darauf wusste Philipp nichts mehr zu antworten.

„Wollen wir noch ein Eis essen gehen?", fragte sie plötzlich. „Ich lade dich ein."
Sie gingen zusammen über den Friedhof. Gleich hinter dem Friedhofstor gab es
eine kleine Eisdiele.

Sie hatten den gleichen Geschmack: Malaga und Schokosahne. Dann setzten

140 sie sich mit ihrem Eis auf die kleine Friedhofsmauer in die Sonne.

Das war sehr schön. Aber an seinem Wunsch zu sterben, änderte sich nichts.

„Sag mal", wandte er sich Lea zu. „Du hast in der Kirche total schön gesungen.
Würdest du das Lied auch bei meiner Beerdigung singen? Das würde mich echt
freuen."

145 „Ich glaube nicht", sagte Lea. „Mit 80 hat man nämlich nicht mehr so eine gute
Stimme."

„Wieso mit 80?" wunderte sich Philipp.

„Naja, du rauchst nicht und kiffst nicht. Dann wirst du sicher 80 werden", grinste
Lea. Und dann lachte sie fröhlich über Philipps verwundertes Gesicht.

Weber: Selbstmord – Warum? · ab Klasse 7
© Brigg Pädagogik Verlag GmbH, Augsburg

Auf dem Rückweg ging Philipp noch einmal an dem Spielplatz vorbei.

Schon von weitem sah er, dass Yvonne und Bruno dort alleine auf der Bank saßen. Sie knutschten wie verrückt.

Bruno schlabberte Yvonne wie ein Hund ab. Und dabei lag seine Hand ziemlich
5 dicht unter ihrem Busen. Und Yvonne hatte ihre Hand auf seinem Oberschenkel liegen. Auf diesem fetten Oberschenkel. Das war echt ekelig.

Philipp überlegte, ob er sich einfach neben sie auf die Bank setzen sollte.

„Hallo", könnte er sagen. „Wollte mich auch mal wieder blicken lassen."

Dann hätten sie bestimmt keine Lust mehr, sich so abzuschlecken.
10 Aber warum sollte er das tun. Er konnte es sowieso nicht ändern.

Yvonne hatte sich eben in Bruno verknallt. Das war nicht zu ändern. Und im Grunde war es ja auch egal, wenn man nicht vorhatte, das Leben allzu lange auszuhalten.

Im Grunde waren Yvonne und er sowieso schon viel zu lange zusammen gewe-
15 sen. Ein Jahr lang! Das war doch zu lange, wenn man erst 15 war.

Dann sollte man sich nicht auf einen Typen festlegen. Schließlich hatte man noch sein ganzes Leben vor sich.

Oder auch nicht!

Vielleicht war es auch gar kein schlechter Zeitpunkt zu sterben.
20 Ja, vielleicht war das wirklich eine richtig gute Idee.

Als Philipp nach Hause kam, war seine Mutter wieder einmal nicht da. Nicht, dass er traurig darüber war. Aber irgendwie hatte sie sich in letzter Zeit immer mehr aus dem Staub gemacht. Hing nur noch mit ihrem Typen herum. Dass sie einen Sohn hatte, der auch mal jemanden zum Quatschen brauchte, fiel ihr wohl
25 nicht ein.

Besonders heute hätte sich Philipp gefreut, wenn sie ihm mal was gekocht hät-te. Wenn sie mal einen Hamburger gemacht hätte, oder Pizzabaguette. Selbst über ihren Salat hätte er sich gefreut.

Und wenn sie dann mal gefragt hätte: Na, wie war es denn in der Schule? Und
30 wie läuft es mit Yvonne?

Aber dass sie nie da war, nervte ihn irgendwie tierisch.

Vielleicht hätte er es sich dann auch noch mal überlegt, mit dem Sterben.

Philipp ging in sein Zimmer und warf sich auf's Bett. Dann dachte er nach.

Wenn er sterben wollte, dann an einem Freitag. Irgendwie war Freitag ein guter
35 Tag, um zu sterben. Dann ging seine Mutter schon früh zur Arbeit. Auch Man-fred hatte an dem Tag Krankengymnastik und würde nicht vorbeikommen.

Eine gute Gelegenheit, auf den Dachboden zu gehen und sich zu erhängen.

Was brauchte er dazu? Ein Seil. Da konnte er das Kinderspringseil nehmen, das in seiner Kiste lag. Dann brauchte er noch einen Stuhl. Ja, das war's schon.
40 Selbstmord war gar nicht so kompliziert.

Und dann musste er noch einen Abschiedsbrief schreiben.

Philipp zog sein Schulheft aus der Tasche und schlug es auf.

Abschiedsbriefe

„Liebe Mama!", würde er schreiben. „Ich musste es einfach machen. Sei nicht traurig. In Liebe Philipp"

45 Ob das ausreichte? Ob sie das verstehen konnte?
Er erinnerte sich daran, wie sehr sie bei Nadine geweint hatte. Auch jetzt war sie oft bei ihrer Freundin Elvira, die fast den ganzen Tag im Bett lag.
Philipp wurde ganz traurig, wenn er darüber

50 nachdachte, dass er ihr so großes Leid zufügen musste. Aber sie musste auch verstehen, dass er nicht mehr leben wollte. Warum denn auch? Er hatte doch niemanden mehr.

55 Vielleicht würde er besser etwas anderes schreiben. Philipp schlug sein Schreibheft auf und schrieb:
„Liebe Mama. Ich hatte einfach keine Lust mehr, das Leben noch länger auszuhalten. Sei nicht traurig und mach dir keine

60 Vorwürfe. Es liegt nicht an dir. Du warst eine tolle Mutter. In Liebe, Philipp."
Philipp las seinen Brief noch einmal durch. Dann wurde er sehr traurig. Seine Mutter so unglücklich machen zu müssen, tat ihm schrecklich leid. Aber sie musste ja dieses Leben nicht ertragen. Sie hatte Manfred und war verliebt. Bestimmt würde der ihr auch über seinen Tod hinweg helfen.

65 Und Yvonne? Ob sie wohl auch traurig war?
Wenn Philipp an Yvonne dachte, legte sich ein zentnerschwerer Ring um seine Brust. Warum war sie nur weggegangen? Und dann auch noch mit diesem blöden, dicken Bruno.
Und warum hatte er nicht erkannt, dass sie mit ihm Schluss machen wollte.

70 Okay, sie hatten sich manchmal miteinander gelangweilt. Er hatte auch gemerkt, dass Yvonne auf coolere Typen stand. Dass ihr die Typen imponierten, die auf Drogen standen.
Mädchen waren einfach komisch.
Auf alle Fälle musste er auch an Yvonne schreiben.

75 Philipp schlug eine neue Seite im Heft auf.
„Hi Yvonne!", schrieb er. „Ich habe dich sehr geliebt. Ich hoffe, du wirst glücklich mit Bruno. Philipp."
Er überlegte einen Moment lang. Dieser Brief war eine ziemliche Lüge. Denn er wünschte sich auf keinen Fall, dass Yvonne mit Bruno glücklich würde. Im Ge-

80 genteil. Er wünschte sich, die beiden würden sich so zerstreiten, dass die Fetzen flogen.
Jedenfalls war klar, dass sein Brief Yvonne ziemlich fertigmachen würde. Bestimmt würde sie danach heulen wie ein Schlosshund.
Philipp stand auf und ging zu dem großen Spiegel auf dem Flur. Dort betrachte-

85 te er sich lange.

Weber: Selbstmord – Warum? · ab Klasse 7
© Brigg Pädagogik Verlag GmbH, Augsburg

Seit er schwarze Haare hatte, sah sein Gesicht weißer aus als früher. So ein bisschen tot sah er aus. Und wenn er nun mit einer Schlinge um den Hals auf dem Boden hing?

Er legte beide Hände um den Hals. Dann legte er seinen Kopf schief und be-
90 trachtete sich im Spiegel. Ob er dann so aussah, wenn er da hing und tot war?

Er hatte aber auch mal gelesen, dass einem die Zunge aus dem Mund kam und dann ganz dick anschwoll. Und dass man ganz grün wurde.

Philipp streckte die Zunge aus dem Mund und versuchte, sich vorzustellen, ganz grün zu sein. Besonders schön sah das nicht aus. Das musste Philipp zugeben.
95 Aber das war leider nicht zu ändern. Und er war eben nicht Yvonne, die sich vor ihrem Selbstmord noch einmal schminken und mit Deo einsprühen würde.

Plötzlich drehte sich ein Schlüssel im Schloss. Schnell sprang Philipp in sein Zimmer zurück und lauschte.

„Hallo Philipp!", hörte er die Stimme seiner Mutter. Und dann war sie schon in
100 seinem Zimmer.

„Na!" Sie drückte ihm einen Kuss auf die Wange.

Das hatte sie schon seit Ewigkeiten nicht mehr gemacht. Ausgerechnet heute tat sie es. Vielleicht spürte sie den Abschied.

„Was ist mit dir?", fragte Frau Kardenberg jetzt und trat einen Schritt zurück.
105 „Geht es dir nicht gut?"

Philipp war sofort auf der Hut. Seine Mutter hatte immer tausend Antennen da-für, wenn etwas nicht in Ordnung war.

„Was soll denn sein?"

„Ich finde …" Die Mutter betrachtete ihn aufmerksam. „Du siehst so – anders
110 aus. Ist wirklich alles in Ordnung?"

Philipp entdeckte sein Schreibheft auf dem Schreibtisch. Den Abschiedsbrief durfte sie auf keinen Fall entdecken. Er nahm das Heft und ließ es unauffällig in seiner Tasche verschwinden.

„Wirklich alles ok.,Mama."
115 „Und mit Yvonne? Läuft es da?"

„Alles wie immer."

Gott sei Dank. Das Lügen hatte er gelernt.

„Ich habe ein paar Bouletten mitgebracht", sagte sie dann. „Hast du nicht Lust auf Hamburger."
120 Ob sie wusste, dass das eine ihrer letzten gemeinsamen Mahlzeiten war?

„Oh, gerne", sagte Philipp.

„Und Freitag sind wir bei Manfred zum Essen eingeladen. Er will Rouladen machen. So ein richtiges, ordentliches Mittagessen mit Kartoffeln und Soße und Rotkohl."
125 „Lecker", sagte Philipp.

Und dann dachte er: „Freitag bin ich vielleicht nicht mehr da".

Weber: Selbstmord – Warum? · ab Klasse 7
© Brigg Pädagogik Verlag GmbH, Augsburg

Ein letztes Mal

Die Idee zu sterben, hatte sich in Philipps Kopf breitgemacht. Sie beschäftigte ihn Tag und Nacht. Er würde sterben. Wie Nadine. An einem Freitagmorgen. Danach dachte er an nichts anderes mehr.

5 Als sich Yvonne und Bruno schließlich nicht mehr in der Clique blicken ließen, war es dann so weit. Philipp wartete auf den kommenden Freitag und traf alle Vorbereitungen.
Ein letztes Mal ging er zur Schule. Bis zur 2. Stunde wollte er den Unterricht besuchen. Dann war zu Hause die Luft rein.
Es gab die Englischarbeiten zurück.

10 Philipp schlug sein Heft auf. Er hatte eine Fünf, wie immer. Wie gut, dass er sich nie in der Schule angestrengt hatte. Das wäre jetzt ja doch umsonst gewesen.
Vicky vor ihm drehte sich um.
„Was hast du?", wollte sie wissen.
„Eine Fünf", sagte Philipp und reichte ihr das Heft herüber. „Wie immer."

15 Vicky starrte ihn mit großen Augen an. Wahrscheinlich hatte sie nicht damit gerechnet, jetzt auch noch sein Heft sehen zu dürfen.
„Guck es dir ruhig in Ruhe an", sagte Philipp. „Und wenn du willst, kannst du es auch mit nach Hause nehmen."
Ungläubig nahm Vicky das Heft an sich, drehte sich dann zu ihrer Freundin

20 Sammy um.
„Wir sollen uns das Heft angucken", sagte sie fassungslos.
Und nun steckten die beiden ihre Nasen in das Heft. Lasen eine Klassenarbeit nach der anderen durch und tuschelten dabei miteinander.
„Das ist mein Abschiedsgeschenk an euch", dachte Philipp.

25 Als es zur Pause klingelte, ging Philipp auf den Schulhof. Zum letzten Mal.
Es war komisch, alles ein letztes Mal zu tun.
Er betrachtete die Schule ganz bewusst. So schlecht war es hier nicht gewesen. Einige Lehrer hatten es echt gut mit ihm gemeint. Sie würden ihn vielleicht in guter Erinnerung behalten.

30 Vielleicht würde Frau Tilly mit der Klasse zum Gottesdienst kommen und einen Abschiedsgruß für ihn sprechen. Das wäre eigentlich nett von ihr.
Hinten am Zaun stand Kathy mit den Leuten aus ihrer Klasse. Auch Steffen und Kemal waren hier. Philipp freute sich, sie noch einmal zu sehen.
„Hallo", sagte er. „Nett, euch zu sehen."

35 Er sah den anderen an, dass sie sich über den Satz wunderten.
„Ich gehe nämlich gleich nach Hause", fügte er hinzu. „Mir reicht es für heute. Also tschüss dann."
Er winkte ihnen zu. Dann ging er los. Schließlich musste er noch zur Kästner-Schule. Um Yvonne zu sehen. Ein letztes Mal.

40 Als er dort ankam, klingelte es gerade zum Ende der Pause. Philipp rannte zum Schultor und schaute durch das Gitter. Da war sie. Mit ihrer wilden Löwenmähne ging sie zwischen ein paar Freundinnen zur Schultreppe, wippte dann Stufe für

Weber: Selbstmord – Warum? · ab Klasse 7
© Brigg Pädagogik Verlag GmbH, Augsburg

Stufe der Eingangstür entgegen. An der Tür drehte sie
sich noch einmal um. Sah suchend zum schmiede-

45 eisernen Tor hinüber. Philipp duckte sich.
Jetzt bloß nicht gesehen werden.
Niemand sollte ihn bei seinen Plänen
aufhalten.
Mit einem Ruck warf Yvonne ihre

50 Haare nach hinten. Dann betrat sie die
Schule.
„Tschüss, Yvonne", murmelte Philipp.

Den Weg von der Schule nach Hause
ging er heute ein letztes Mal. Vorbei

55 an dem Zeitschriftenkiosk an der Ecke.
Er winkte der Frau entgegen, die hinter
dem Fenster saß. Sie winkte zurück.
Das war ein komisches Gefühl.
Die letzten Meter zum Haus ging

60 Philipp ganz bewusst. Schaute sich
noch einmal jedes Haus an, jede Pflanze,
jeden Stein. Hier, in dieser Straße hatte er gewohnt, seit er fünf Jahre alt war.
Diese Wohnung hatten sie sich gesucht, als der Vater wegzog. Das war eine
lange Zeit. Er kannte viele Nachbarn. Hatte dort an der Ecke Fußball gespielt.

65 Und da, hinter der Mauer, seinen ersten Kuss bekommen. Von Lisa. Die war
zwei Jahre älter gewesen als er und kannte sich schon gut aus. Philipps Herz
wurde immer schwerer. An Lisa hatte er schon lange nicht mehr gedacht. Sie
war später weggezogen und der Kontakt abgebrochen. Schade eigentlich.
Ob man wirklich nach dem Tod weiterlebte? Ob sie sich alle wieder trafen? Ob

70 er seine Mutter wiedersah und ihr alles erklären konnte? Ob er Yvonne noch
einmal küssen konnte?
Schwerer und schwerer legte sich der Ring um seine Brust. Er kriegte kaum
noch Luft. Aber er war froh, jetzt bald alles hinter sich zu haben. Wenn er tot
war, würde er all die Traurigkeit nicht mehr spüren. Dann war er wirklich frei.

75 Als er an der Haustür angekommen war, war ihm zum Weinen zumute.

Lea hustete und hustete. Diese Erkältung war die Schlimmste ihres ganzen Lebens. Sie wickelte ihren Schal fester um den Hals. Dann ging sie in die Küche,
um sich einen Hustentee zu kochen.
Schon in der Nacht hatte sie Fieber bekommen. Da war klar gewesen, dass sie

80 nicht zur Schule ging. Ihre Mutter hatte sie nur schweren Herzens in der Woh-
nung zurückgelassen.
„Ruf mich an, wenn das Fieber steigt", hatte sie gesagt. „Dann bin ich sofort da."
Aber im Grunde war Lea froh, allein zu sein. Sie wollte mit niemandem reden,

85 einfach nur daliegen. Dem Dröhnen in ihrem Kopf lauschen und darauf warten, dass die Krankheit heilte.

Jetzt schaltete sie den Wasserkocher an und wartete. Dabei blickte sie auf die Straße.

Nanu, war das nicht Philipp? Wieso kam er denn schon nach Hause?

Lea klopfte gegen das Küchenfenster und winkte. Philipp hob den Kopf, als ver-
90 suche er, das Geräusch einzuordnen. Seine Augen schauten in ihre Richtung.

Lea erschrak. So traurig hatte sie ihn noch nie gesehen. Seine Augen waren groß, aber er schaute niemanden an. Sein Blick war irgendwie nach innen gerichtet. Als wenn er tief in Gedanken wäre.

Ob er auch krank war?

95 Lea schaute ihm nach, sah, wie er den Schlüssel aus der Tasche zog und die Haustür öffnete. Jetzt sah Lea ihn von der Seite. Seine Mundwinkel waren tief heruntergezogen. Als wenn er etwas ganz Trauriges erlebt hätte. Vielleicht sogar, als wenn er weinen würde.

Langsam schlich Philipp die Treppe hinauf, öffnete die Wohnungstür und ging in
100 sein Zimmer. Er nahm sein Schreibheft aus der Tasche, riss den Abschiedsbrief für seine Mutter und für Yvonne heraus und legte sie auf den Schreibtisch.

Dann wanderte er noch einmal durch die Wohnung, sagte allen Gegenständen Auf Wiedersehen, betrachtete noch ein letztes Mal das Foto im Regal, das seinen Vater, seine Mutter und ihn als glückliche Familie zeigte und sagte auch
105 ihnen Auf Wiedersehen.

Dann war es soweit. Philipps Gedanken waren jetzt ganz scharf. Er durfte keinen Fehler machen.

Er nahm das Seil und öffnete leise die Tür zum Flur. Dort lauschte er. Niemand war zu hören. Der Morgen war ein guter Zeitpunkt zum Sterben. Alle waren fort.
110 Niemand würde ihn aufhalten.

Das Wasser kochte. Lea griff nach den Teebeuteln für Hustentee. Sie stopfte einen Beutel in die Teekanne und goss das Wasser hinein. Dann schaute sie auf die Uhr und ließ den Tee drei Minuten ziehen.

Jetzt war er gut. Lea goss sich eine Tasse Tee ein und ging damit wieder ins
115 Wohnzimmer hinüber. Sie zitterte dabei. Die Aktion war einfach zu viel für sie gewesen. Sie setzte sich mit wackeligen Knien auf das Sofa.

Und dann passierte es. Ihre Hand zitterte so sehr, dass ihr die Teetasse aus der Hand fiel. Der heiße Tee goss sich über ihre Jogginghose. Verbrannte ihr linkes Knie und ihre Wade.

120 Lea schrie auf. So schnell sie konnte, riss sie sich die Jogginghose herunter. Stürz-
te ins Badezimmer, um das Bein zu kühlen. Mit zitternden Händen suchte sie einen Waschlappen. Sie hielt ihn unter kaltes Wasser, kühlte damit das verbrannte Bein.

Aber das Brennen ließ nicht nach. Es wurde sogar noch schlimmer.

Mit zitternden Händen riss Lea den Medikamentenschrank auf und suchte nach

Weber: Selbstmord – Warum? · ab Klasse 7
© Brigg Pädagogik Verlag GmbH, Augsburg

125 der Brandsalbe. Wie sah sie aus? Und wo, in aller Welt, konnte sie sein?
Das Bein war dunkelrot und brannte wie Feuer.

Leise schlich Philipp die Treppe hinauf und öffnete den Dachboden. Der Raum
war leer. Philipp ging zum Balken hinüber, nahm dann das Seil und knotete eine
Schlinge hinein. Dann stieg er auf den alten Stuhl und hängte die Schlinge über
130 den Balken. Er knotete sie fest und überprüfte noch einmal, ob sie hielt. Ja, er
hatte keinen Fehler gemacht. Die Schlinge funktionierte, der Balken hielt, das
Seil war fest geknotet.
Philipp dachte an die Clique. Nichts war peinlicher als ein missglückter Selbstmord, hatten sie gesagt. Dieser Selbstmord würde gelingen!

135 Leas Bein brannte wie Feuer.
Ihr fiel Philipp ein. Vielleicht konnte er ihr helfen. Seine Mutter arbeitete doch im
Krankenhaus. Bestimmt hatten sie Brandsalbe im Haus.
Lea zog sich vorsichtig eine kurze Hose an, damit sie das verletzte Bein nicht
berührte. Dann taumelte sie zur Wohnungstür.
140 An der Tür wurde ihr für einen Moment schwindelig.
„Reiß dich zusammen", sagte sie sich. „Philipp hilft dir bestimmt."
Stufe für Stufe tastete sie sich die Treppe zu Philipps Wohnung hinauf.
Endlich hatte sie es geschafft. Mit zitternden Händen klingelte sie an der Wohnungstür. Wartete. Aber es waren keine Schritte zu hören. Niemand öffnete.
145 Lea klingelte noch einmal und wartete weiter. Wieso war Philipp nicht zu Hause? Sie hatte doch gesehen, dass er gekommen war.
Leas Zittern wurde stärker. War es möglich, dass sie heute echt vom Pech ver-
folgt war? Ihr Bein brannte so schrecklich. Am liebsten hätte sie geweint. Aber
sie riss sich zusammen.

150 Philipp legte seinen Kopf in die Schlinge. Dabei war er schrecklich aufgeregt. Er
hatte Angst. Hoffentlich ging alles schnell. Hoffentlich tat es nicht so weh.
Und wenn schon. Es war bald vorbei.
Nie wieder würde er dann Schmerzen haben. Nie wieder würde er traurig sein
müssen.
155 „Tschüss Mama", dachte er noch. „Und sei nicht traurig."
Dann stieg er vorsichtig vom Stuhl und stieß ihn um.
Der Schmerz war schrecklich. Die Schlinge schnitt ihm in die Haut.
Er hatte Angst. Er würde sterben. Wollte er das?
Seine Hände fassten nach der Schlinge, die sich immer fester um seinen Hals
160 zog. Seine Beine strampelten.
Er dachte an seine Mutter, die ihm in der Küche Bouletten briet, an Yvonne und
ihren ersten Kuss, an den Urlaub an der Ostsee, an seinen ersten Schultag, an
den Tag mit seinem Vater im Zoo – und er dachte an Nadine.
„Ich komme", dachte er.

Weber: Selbstmord – Warum? · ab Klasse 7
© Brigg Pädagogik Verlag GmbH, Augsburg

Der Freitag

Ein komisches Geräusch ließ Lea aufhorchen. Es schien aus dem Dachboden zu kommen. Seltsam hörte sich das an. Wie ein Stöhnen.

Lea war es immer unheimlich auf dem Boden gewesen. Einmal war ihr beim Wäscheaufhängen eine Maus über die Füße gelaufen. Auch Fledermäuse gab es dort.

Dieses Geräusch aber hörte sich nicht nach Fledermaus an.

Plötzlich kam Lea ein grausiger Gedanke. Philipp! Er war heute nach Hause gekommen. Er hatte traurig ausgesehen. Und er hatte oft von Selbstmord gesprochen.

„Ich spinne", dachte Lea. „Es ist das Fieber. Und diese schreckliche Verbrennung."

Wieder erklang dieses Stöhnen. Es war mehr als schaurig.

Lea konnte nicht anders. Sie musste einfach nachschauen. Auch wenn sie sich kaum noch auf den Beinen halten konnte.

Stufe für Stufe quälte sie sich nach oben. Und bei jeder Stufe hörte sich das Stöhnen schrecklicher an.

An der Bodentür hielt Lea inne. Sie hatte plötzlich furchtbare Angst.

Was, wenn sich hier jemand versteckt hielt, der nur auf sie wartete. Irgendein Perverser. Man las solche Sachen ja immer wieder in der Zeitung, dass sich jemand im Haus versteckt hielt und dann ein Mädchen überfiel und vergewaltigte. Das Stöhnen passte jedenfalls dazu.

Rummps machte es jetzt. Es war etwas auf den Boden gefallen. Ein großer Gegenstand. Ein Körper! Philipp! Aber das durfte doch nicht wahr sein!

Lea rannte zur Tür und öffnete sie.

„Ist da jemand?", fragte sie mit zitternder Stimme in den dunklen Raum hinein. Und dann sah sie ihn. Er lag auf dem Boden. Mit weit aufgerissenen Augen und einer Schlinge um den Hals.

Das Seil, mit dem er sich erhängen wollte, war gerissen.

Lea schrie. Sie schrie und schrie. Presste die Hände vor ihren Mund und würgte.

Ihre Gedanken liefen Amok. Sie musste etwas tun. Aber was?

Sie beugte sich über Philipp. Fingerte an der Schlinge und versuchte, sie zu lockern. Himmel, war sie fest!

Diese großen Augen starrten sie so schrecklich an.

Endlich gelang es Lea, das Seil zu lockern. Philipp japste. Dann verdrehte er die Augen.

Lea musste Hilfe holen. Die Polizei. Den Krankenwagen. Oder Nachbarn. Philipp brauchte Hilfe. Vielleicht musste er beatmet werden.

Ihr Fieber und ihr brennendes Bein waren fast vergessen.

Lea rannte zur Tür. Die Treppe hinunter. Immer zwei Stufen auf einmal. Sie stolperte. Fiel hin. Rutschte den Rest der Treppe auf dem Hinterteil nach unten.

Dann sprang sie auf. Rannte zu den Müllers, zu Bartels und zu diesem Sonder-

Weber: Selbstmord – Warum? · ab Klasse 7
© Brigg Pädagogik Verlag GmbH, Augsburg

ling im Erdgeschoss. Sie klingelte überall, schlug gegen die Türen und schrie. Immer eine Tür nach der anderen. Aber niemand schien zu Hause zu sein. Weinend rannte Lea aus dem Haus auf die Straße. Dort schrie sie weiter.

45 Eine Fußgängerin kam auf sie zu.

„Was ist los?", fragte sie. „Ist etwas geschehen?"

Ein Autofahrer hielt und kurbelte das Fenster herunter.

„Was ist los?", fragte auch er.

Lea schrie immer noch.

50 „Ich verstehe dich nicht!", rief die Frau und fasste Lea an den Arm. „Sag doch, was los ist!"

Lea riss sich zusammen und atmete tief durch.

„Da oben hat einer eine Schlinge um den Hals", flüsterte sie dann. „Philipp Kardenberg!"

55 „Wo!" Der Mann sprang sofort aus dem Auto. Und nun kamen auch andere Menschen dazu. Nachbarn, Fußgänger, Autofahrer.

Zwei Männer rannten die Treppe hinauf. Eine Frau rief den Krankenwagen. Eine andere die Polizei. Und eine dritte kümmerte sich um Lea.

„Kind", sagte sie mit mütterlicher Stimme. „Du musst dich aber jetzt beruhigen.

60 Wo ist denn deine Mutter? Wollen wir sie nicht anrufen?"

Sie war es auch, die Lea in ihre Wohnung zurückbrachte. Sie war es, die die Brandsalbe fand und Lea damit einrieb. Und die bei Lea blieb, bis Leas Mutter eintraf.

Lea stand stumm und mit Tränen in den Augen hinter dem Fenster. Sie sah, wie

65 der Krankenwagen eintraf und die Männer ins Haus stürmten. Kurze Zeit später rannten sie mit einer Trage wieder aus dem Haus. Der eine Krankenpfleger hielt einen Tropf in der Hand.

„Der Junge lebt", sagte die unbekannte Frau neben Lea. „Sonst hätten sie keinen Tropf gelegt."

70 Da lehnte Lea ihren Kopf gegen die Schulter dieser Frau und weinte noch mehr. Die Unbekannte streichelte sie.

„Ist ja gut", sagte sie. „Es wird alles gut."

Weber: Selbstmord – Warum? · ab Klasse 7
© Brigg Pädagogik Verlag GmbH, Augsburg

Ein neuer Anfang

„Und wie geht es dir jetzt?", fragt der Psychologe.

„Ich schäme mich so", sagt Philipp. „Ein Selbstmord, der nicht geklappt hat, ist doch echt peinlich. Die anderen lachen sich bestimmt kaputt. Hast du es nicht gebracht?, fragen sie dann. Du wolltest doch nur Yvonne zurückkriegen? Das ist

5   doch Erpressung."

„Und wie siehst du das?", will der Psychologe wissen.

„Ich weiß es nicht", murmelt Philipp. „Ich weiß nicht mehr, warum ich es gemacht habe. Vielleicht wollte ich sie alle bestrafen, weil sie so Scheißfreunde sind. Weil Bruno mir Yvonne ausgespannt hat. Und weil sie mit ihrem blöden

10   Kiffen alles kaputt machen. Und weil ich jetzt keine Freunde mehr habe."

„Hm", sagt der Psychologe.

„Und weil die Schule so schlecht läuft. Und wegen meiner Mutter und diesem Manfred und meinem Vater."

„Viele Gründe, nicht mehr leben zu wollen", stellt der Psychologe fest.

15   Philipp denkt nach.

„Aber als ich da hing, und alles so eng wurde und ich keine Luft mehr kriegte, da hatte ich plötzlich schrecklich Angst, dass ich jetzt sterben muss und alles vorbei ist. Ich habe auch gemerkt, dass es schöne Seiten im Leben gibt, die ich gar nicht mehr gesehen habe."

20   „Wenn du wüsstest, wie dankbar du sein kannst, dass das schief gelaufen ist", sagt der Psychologe. „Ein riesengroßer Zufall. Ein riesengroßes Glück. Wenn das Seil nicht gerissen wäre und wenn dieses Mädchen dir keine Hilfe geleistet hätte, dann wärst du nicht mehr hier. Zwei riesengroße glückliche Zufälle. So viel Glück hat sonst wohl kaum jemand auf der Welt."

25   Philipp nickt. Er kann kaum glauben, dass er auch einmal Glück hat.

Dann schaut er wieder aus dem Fenster.

Der kleine Vogel mit den blauen Flügeln ist immer noch da. Aber er ist nicht mehr allein. Denn auf dem Ast über ihm sitzt ein anderer kleiner Vogel.

„Ich bin froh, zu leben", sagt Philipp.

30   Der Psychologe nickt.

„Ich kann dich nicht eher alleine lassen, bis ich fünf gute Gründe von dir höre, warum es sich lohnt, zu leben", sagt der Psychologe.

„Es ist schön, durch den Wald zu gehen, und durch einen Park und über Wiesen", sagt Philipp. „Wenn die Sonne scheint, und die Vögel zwitschern."

35   „Das ist ein Grund", brummt der Psychologe. „Fehlen noch vier."

Er scheint es ziemlich genau zu nehmen.

„Und dann wegen meiner Mutter. Sie würde meinen Tod nicht verkraften. Das habe ich jetzt gesehen."

„Fällt dir noch mehr ein", will der Psychologe wissen.

40   „Ich will neue Freunde kennenlernen", überlegt Philipp. „Leute, die nicht kiffen und die trotzdem Spaß am Leben haben."

„Das wäre ein dritter Grund", sagt der Psychologe.

Philipp lächelt. „Und dann gibt es auch noch Lea. Ich kenne sie noch gar nicht

Weber: Selbstmord – Warum? · ab Klasse 7
© Brigg Pädagogik Verlag GmbH, Augsburg

45 richtig. Vielleicht wäre es schön, sie kennenzulernen." Er denkt einen Moment nach. „Sie kann sehr schön singen", sagt er dann. „Und sie hat ganz grüne Augen."

„Das ist wirklich ein wichtiger Grund", murmelt der Psychologe. „Jetzt fehlt nur noch einer.

Philipp schaut wieder zum Fenster und denkt nach.

50 Vielleicht wäre Yvonne ein Grund weiterzuleben. Vielleicht gibt es ja eine neue Chance zwischen ihm und ihr. Vielleicht. Aber vielleicht auch nicht. Das muss man abwarten.

„Ich weiß keinen Grund mehr", seufzt Philipp.

„Mir fällt auf, dass du immer nur an die anderen denkst", sagt der Psychologe.

55 „Was meinen Sie?", will Philipp wissen.

„Mir fehlt der Satz: Es ist gut, dass es mich gibt", stellt der Psychologe fest.

Philipp schaut ihn entsetzt an.

„Also, das kann ich wirklich nicht sagen", wehrt er ab.

„Wie wäre es, wenn du das lernst." Der Psychologe ist unnachgiebig.

60 „Es ist gut, dass es mich gibt", sagt Philipp. Er merkt selbst, dass seine Stimme brüchig ist.

„Klingt ein bisschen schüchtern", brummt der Psychologe. „Ich kann dir den Satz so nicht glauben."

„Es ist gut, dass es mich gibt", sagt Philipp nun lauter.

65 Der Psychologe legt den Kopf schräg und betrachtet ihn aufmerksam.

„Klingt ein bisschen trotzig", sagt er dann.

Philipp seufzt. Dem Mann kann man nichts recht machen.

„Es ist gut, dass es mich gibt", sagt er noch einmal.

Und diesmal scheint der Psychologe zufrieden zu sein.

70 „Das ist schon überzeugender", meint er. Dann steht er auf. „Für's Erste reicht es", brummt er. „Aber ich komme noch ein paar Mal wieder."

„Das habe ich befürchtet", lacht Philipp.

Sie reichen einander die Hand. Dann ist Philipp allein.

Auch der Vogel draußen auf dem Baum breitet seine blauen Flügel aus und
75 fliegt davon. Philipp schaut ihm nach.

Wie schön wäre es, jetzt einfach mit ihm zu fliegen und all den Sorgen zu entkommen, die jetzt auf ihn warten.

Er muss mit seiner Mutter reden. Er muss sich in der Schule den Problemen stellen. Und er muss damit rechnen, dass die anderen über ihn lachen.

80 Philipp Kardenberg wollte sich erhängen und hat es nicht gepackt. Er war zu feige und zu blöd, sich dem Leben zu stellen und zu feige und zu blöd zum sterben, würden sie denken. Und vielleicht würden sie es ihm sogar sagen.

Aber was wären das für Freunde, die so etwas denken und sagen würden?

Konnte man die nicht einfach in der Pfeife rauchen?

85 Stellten sie sich denn mit ihrer Kifferei dem Leben? Sie saßen auf der Parkbank

Weber: Selbstmord – Warum? · ab Klasse 7
© Brigg Pädagogik Verlag GmbH, Augsburg

herum und wussten nichts mit sich anzufangen. Und irgendwie waren sie so auch fast tot.

Er musste versuchen, aus dem Kreislauf auszubrechen. Musste sich neue

90 Freunde und neue Ziele suchen. Aber er hatte Menschen, die ihm dabei helfen würden. Seine Mutter und Lea. Vielleicht sogar Yvonne! Und dieser Psychologe auch.

Die Hauptsache war doch, dass er lebte. Und dass er eines endlich gemerkt hatte: Es war verdammt gut, dass es ihn gab.

Weber: Selbstmord – Warum? · ab Klasse 7
© Brigg Pädagogik Verlag GmbH, Augsburg

1. Hast du den Text genau gelesen?
Gib dir für jede Antwort einen Punkt. Auch mehrere Antworten sind möglich.

1. Wie heißt der Junge in der Geschichte?	a	Sascha	b	Philipp	c	Ahmet
2. Wo befindet sich der Junge?	a	im Krankenhaus	b	in der Schule	c	zu Hause
3. Wer erscheint in seinem Zimmer?	a	eine Krankenschwester	b	seine Mutter	c	ein Psychologe
4. Was sieht der Junge draußen?	a	den Krankenwagen	b	die Sonne	c	einen Vogel
5. Was steht auf dem Nachtisch?	a	ein Handy	b	eine Uhr	c	eine Ansichtskarte
6. Wer hat ihm das Bild geschenkt?	a	Renate	b	Susanne	c	Lea
7. Wie heißt Herr Schmidtbauer mit Vornamen?	a	Horst	b	Rainer	c	Hubert
8. Wer versuchte, ihn zu besuchen?	a	seine Lehrerin	b	ein Mädchen	c	sein Kumpel Benny
9. Wie sieht Herr Schmidtbauer aus?	a	klein und dick	b	groß und sportlich	c	dünn und mit Brille
10. Welcher Tag änderte alles?	a	der Tag im Park	b	der Tag beim Casting	c	der Tag, an dem er Lea kennenlernte
11. Was gab es an dem Tag?	a	Hitzefrei	b	einen Sechser im Lotto	c	Deutscharbeiten
12. Wie geht es der Mutter?	a	sehr gut	b	sie ist traurig	c	sie ist krank
13. Wovon träumt Lea?	a	davon, dass sie zu spät kommt	b	davon, einmal reich zu sein.	c	von Campino
14. Was ist auf der Ansichtskarte zu sehen?	a	ein Geisterhaus	b	Wellen, Strand und eine Möwe	c	Venedig im Sonnenuntergang
15. Wie viel Zeit liegt zwischen Leben und Tod	a	viele Jahre	b	einige Minuten	c	wenige Sekunden

2. Wie viele Punkte hast du erreicht?

_____ von 17 Punkten.

Bei weniger als 12 Punkten musst du das Kapitel noch einmal lesen.

Weber: Selbstmord – Warum? · ab Klasse 7
© Brigg Pädagogik Verlag GmbH, Augsburg

1. Was ist passiert?

Im Anfangskapitel ist alles noch durcheinander. Trotzdem kann man sich schon denken, was geschehen ist. Lies es noch einmal.
Beantworte folgende Fragen schriftlich in deinem Heft.

a.) Was meinst du, ist mit Philipp geschehen?

b.) Was hat er getan und warum?

c.) Wer ist deiner Meinung nach Lea?

d.) Wer ist das Mädchen, das ihn besuchen will?

e.) Warum will Philipp nicht, dass sie ihn besucht?

f.) Was hat das alles mit der Deutscharbeit zu tun?

2. Schreibe eine kurze Geschichte, die erzählt, was deiner Meinung nach bis dahin geschehen ist.

Weber: Selbstmord – Warum? · ab Klasse 7
© Brigg Pädagogik Verlag GmbH, Augsburg

Gegenwart – Vergangenheit

1. Das Kapitel „Philipps Entscheidung" ist in der Gegenwart geschrieben, die anderen Kapitel sind in der Vergangenheit geschrieben, das Schlusskapitel „Ein neuer Anfang" dagegen wieder in der Gegenwart.
Welche Erklärung hast du dafür?

2. Suche dir einen Partner:
Schaut euch die einzelnen Sätze an. Setzt sie in die Vergangenheit.

Gegenwart	Vergangenheit
Er kann seinen Arm bewegen.	
Die Tür zum Krankenzimmer öffnet sich.	
Philipp versucht zu lächeln.	
Sie schaut auf den Tropf.	
Ganz traurig sieht sie aus.	
Sie ist total nett.	
Philipp dreht sich zum Fenster.	
Die Sonne scheint durch das Fenster.	
Draußen zwitschern die Vögel.	
Philipp schließt die Augen.	
Philipp rollt sich in die Decke ein.	
Philipp überlegt eine Weile.	
Dann richtet sich Philipp im Bett auf.	
Der Psychologe nimmt sich einen Stuhl.	
Er setzt sich zu Philipp.	

Weber: Selbstmord – Warum? · ab Klasse 7
© Brigg Pädagogik Verlag GmbH, Augsburg

Selbstmord – was denkst du darüber?

1. Dieses Buch handelt vom Tod – vom Selbstmord.
Sollte man deiner Meinung nach über so ein Thema ein Buch schreiben?
Was ist gut daran? Worin liegen die Gefahren? Begründe deine Ansicht.
Schreibe Argumente dafür und dagegen auf.
Sprecht in der Klasse über dieses Thema. Lest euch eure Argumente vor.

2. Es gibt andere Worte für Selbstmord.
Welche Worte kennst du? Schreibe alle Wörter auf, die du kennst.

3. Im Durchschnitt sterben in der Bundesrepublik Deutschland jährlich zwischen
11 000 und 12 000 Menschen durch Suizid, wobei zusätzlich von einer hohen
Dunkelziffer auszugehen ist. Diese Zahl entspricht ca. 1,3 Prozent aller Todesfälle und übersteigt damit die Anzahl der Verkehrstoten (4 949 Todesopfer im
Jahr 2007) bei weitem. (Wikipedia)

Was sind deiner Meinung nach die Gründe dafür? Schreibe sie auf.

Weber: Selbstmord – Warum? · ab Klasse 7
© Brigg Pädagogik Verlag GmbH, Augsburg

Philipps Bilder im Kopf

1. Philipp liegt im Krankenhaus. Er muss sich mit vielen Gedanken auseinandersetzen.
Schreibe seine Gedanken auf.

Über seine Mutter:

Über Leas Postkarte:

Über die Krankenschwester:

Über den Psychologen:

Über seinen Selbstmord:

Darüber, dass er lebt:

2. Philipp ist froh, dass er lebt. Warum will er gerne weiterleben?
Welche Gründe gibt es für ihn? Sprecht darüber in der Klasse.
Notiert die Gründe an der Tafel.

Kreuzworträtsel

waagerecht:

① Was gibt Yvonne Bruno?

② Wohin will Philipp gehen?

③ In was schaut Frau Tilly?

④ Wie heißt ein Mädchen aus Philipps Klasse?

⑤ Was hat Philipp in der Klassenarbeit?

⑥ Womit tippt Melanie Philipp an?

⑦ Wo stößt sich Vicky den Kopf an?

⑧ Was ist an Vickys Kopf zu sehen?

⑨ Was stiehlt Vicky Philipp aus der Tasche?

⑩ Wie heißt Vickys Freundin?

⑪ Wo trifft Philipp seine Clique?

⑫ Wo liegt der Park?

⑬ Welche Frisur hat Yvonne?

⑭ Welche Farbe hat der Lehrer-kalender?

⑮ Wohin küsst Yvonne Bruno?

⑯ Wie heißt der Hauptdarsteller der Geschichte?

senkrecht:

① Was spielt Philipp gerne?

② Was tat Vicky, als Philipp sie schlug?

③ Was schreibt Philipp an Yvonne?

④ Was wirft sich Philipp auf den Rücken?

⑤ Was hat Bruno geschmissen?

⑥ Wie heißt Philipps Lehrerin?

⑦ Was steckt Philipp in sein Ohr?

⑧ Welches Fach hat Philipp gerade?

⑨ Was kann man unter Vickys Top sehen?

⑩ Was sagt Yvonne zu Philipp zur Begrüßung?

⑪ Wie nennt Ahmet Vicky?

⑫ Welche Kleidung trägt Philipp?

⑬ Was verteilt Bruno auf dem Blättchen?

⑭ Wie heißt Philipps Freundin?

⑮ Was stößt sich Vicky an der Tischkante an?

⑯ Wie heißt ein Junge aus der Clique?

⑰ Was macht die Clique oft?

⑱ Was hat Sammy in der Klassenarbeit?

Weber: Selbstmord – Warum? · ab Klasse 7
© Brigg Pädagogik Verlag GmbH, Augsburg

Kreuzworträtsel

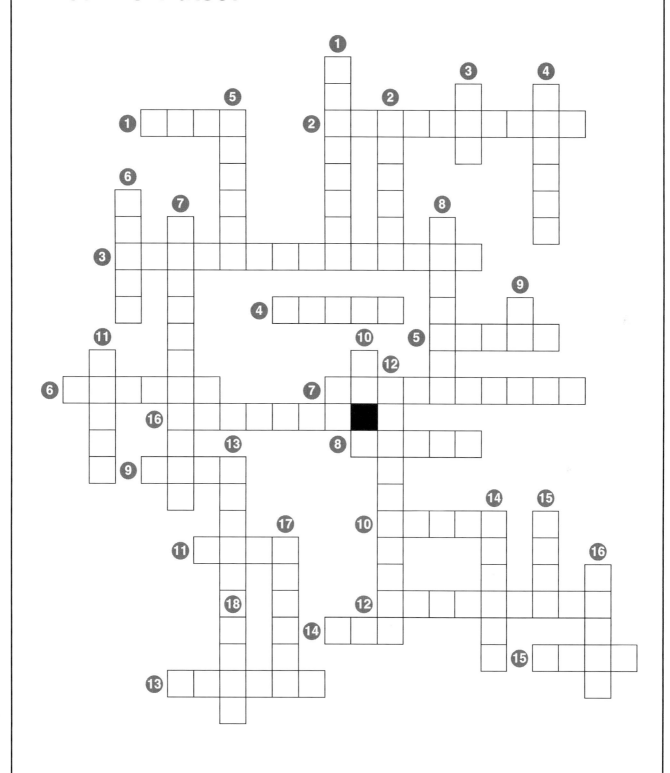

Philipps Verhalten

Philipp macht es seinen Mitmenschen nicht leicht, weil er sich von verschiedenen Seiten zeigt.

1. Schreibe in einigen Sätzen auf, wie er sich anderen gegenüber verhält:

Beispiel: Sammy gegenüber verhält er sich ruhig, weil er sich nicht provozieren lassen will.
Vicky gegenüber …

Menschen wie Philipp sind schwer einzuschätzen.

2. Schreibe auf, welchen Eindruck du von Philipp hast.

Weber: Selbstmord – Warum? · ab Klasse 7
© Brigg Pädagogik Verlag GmbH, Augsburg

Wie hättest du reagiert?

Philipp stopfte das Heft, das ihm Frau Tilly auf den Tisch gelegt hatte, in die Schultasche. Was sollte er schon haben? Er hatte in Deutsch immer eine Sechs. War doch auch egal!
Sammy und Vicky kicherten jetzt.
„Der hat die Sechs!" – „Wetten?"
Philipp schob sich den Ohrstöpsel seines I-Pods ins Ohr. Blöde Zicken. Bloß nicht drauf reagieren.
Aber da war Vicky schon an seiner Tasche und fummelte an dem Heft herum.
„Lass doch mal sehen!"
„Finger weg!"
„Warum denn!"
Das war einfach zu viel. Mit einem Ruck sprang Philipp auf. Schlug Vicky mit voller Wucht gegen die Schulter. Ihr Stuhl wackelte. Dann krachte sie mitsamt Stuhl um und schlug mit dem Kopf gegen die Tischkante.

1. Lest den Anfang des Kapitels noch einmal und spielt ihn dann als Rollenspiel (Bitte, ohne jemandem weh zu tun!).

2. Bildet Dreiergruppen.
   a) Sprecht dann über Philipps Verhalten. Wie findet ihr es?
   b) Was hättet ihr an seiner Stelle getan? Diskutiert darüber.

3. Sammy und Vicky provozieren Philipp. Das ist natürlich gemein von ihnen. Doch jedes Verhalten hat eine Vorgeschichte. Meist gibt es Gründe dafür, warum sich jemand einem anderen gegenüber so verhält.

   Überlegt, welche Beziehung Philipp zu seinen Klassenkameraden hat.
   Warum wird er so provoziert?
   Warum reagiert er so heftig?

Weber: Selbstmord – Warum? · ab Klasse 7
© Brigg Pädagogik Verlag GmbH, Augsburg

Philipps Clique

1. Lies die Fragen und schreibe die Antworten in dein Heft.
Philipps Clique trifft sich am Spielplatz im Park.
Wer gehört dazu? Schreibe die Namen der Cliquenmitglieder auf.

2. Die Clique hat sich verändert.
Schreibe auf, wie es früher war. Was haben sie getan, was tun sie heute?
Wie steht Philipp zu ihrem veränderten Verhalten?

> Seit ein paar Wochen war Bruno mit in ihrer Clique, und seitdem war das Kiffen Mode geworden. Außer Philipp kifften mittlerweile alle, auch Yvonne. Das hatte die Beziehung in der Clique irgendwie verändert. Sie trafen sich nicht mehr, um zu reden oder Fußball zu spielen oder Musik zu hören. Jetzt ging der Joint um, und danach hingen alle träge auf der Bank herum.
> So war es auch heute. Zuerst rauchten Bruno und Yvonne, dann kamen noch Steffen, Kemal und Kathy dazu. Brunos Joint wurde brüderlich geteilt. Danach hatte auch Steffen noch Stoff dabei. Die Gespräche wurden langsamer, die Pupillen größer.

3. Yvonne ist ein besonderes Mädchen.
Beschreibe, wie sie aussieht. Beschreibe ihr Verhalten.
Überlege, warum sie Bruno einen Kuss gibt.

4. Philipp ärgert sich über Yvonne, aber er sagt es ihr nicht.
Als er aber zu Hause ist, denkt er noch einmal über alles nach.
Schreibe seine Gedanken in dein Heft.

Weber: Selbstmord – Warum? · ab Klasse 7
© Brigg Pädagogik Verlag GmbH, Augsburg

10-Fragen-Spiel

So geht es:

Jeder von euch liest das Kapitel „Nadine" noch einmal ganz für sich allein.
Nun überlegt sich jeder zehn Fragen zum Inhalt des Kapitels und schreibt sie auf.
Teilt dann die Klasse in zwei Gruppen. Jeweils ein Schüler der ersten Gruppe stellt einem Schüler der zweiten Gruppe nun eine Frage. Beantwortet der Schüler die Frage richtig, bekommt die Gruppe einen Punkt.
Der Spielleiter hält den Punktestand an der Tafel fest.

1. _____

2. _____

3. _____

4. _____

5. _____

6. _____

7. _____

8. _____

9. _____

10. _____

Weber: Selbstmord – Warum? · ab Klasse 7
© Brigg Pädagogik Verlag GmbH, Augsburg

Haare färben

1. Haare färben ist groß in Mode. Die Schwarzhaarigen wollen blond sein, die Blonden rot, andere lieben Schwarz mit blonden Stähnchen, andere Blond mit braunen Strähnchen, wieder andere Rot mit hellroten, schwarzen und blonden Strähnchen. Auch grüne, blaue oder lila Haare sind „in".

Manchmal verbirgt sich hinter dem Haare färben auch eine Szenegruppe. Zu einer dieser Gruppierungen gehören Jugendliche, die ausschließlich schwarze Kleidung tragen und sich die Haare schwarz färben.

Setzt euch in Gruppen zusammen und überlegt gemeinsam:
a) Was verbindet ihr mit diesen Menschen? Was wollen sie durch die Farbe Schwarz ausdrücken?
b) Kennt ihr jemanden, der sich so stylt? (Vielleicht gibt es ja auch jemanden in eurer Klasse oder an eurer Schule.)

2. Die Gothic-Szene gilt als friedliche Kultur, die sich Anfang der 80er-Jahre bildete. Sie besteht aus sensiblen, mitunter etwas wirklichkeitsfremden Mitgliedern. Sie sind nicht in einer Gruppe organisiert, sondern zeigen ihre Haltung durch ihre äußere Erscheinung. Manche Menschen sagen ihnen eine „Todessehnsucht" nach.

a) Sammelt Informationen über die Gothic-Szene z. B. im Internet oder in Jugendmagazinen.
b) Schreibt dann eine eigene Erklärung über „Gothic".
c) Lest den Text und überlegt gemeinsam, ob ihr ihm zustimmen könnt.

3. Schaut in Jugendmagazinen nach, was diese mit „Gothic" verbinden. Schneidet Menschen, Zubehör, Tattoos und Kleidung aus, die eurer Meinung nach zu dieser Szene gehören, und gestaltet daraus ein Plakat.

4. Malt euch als „Gothic"-Figur.
Wie würdet ihr euch fühlen, wenn ihr so gestylt seid.
Beschreibt einen Tag als „Goth". Was macht ihr? Mit wem trefft ihr euch?

Weber: Selbstmord – Warum? · ab Klasse 7
© Brigg Pädagogik Verlag GmbH, Augsburg

Gedanken zum Tod

Warum nur?
Warum?

In tiefer Trauer nehmen wir Abschied
von unserer lieben Tochter, Schwester,
Enkelin und Nichte

Nadine Lang

geb. 4.5.1990   gest. 3.9.2006

In tiefer Trauer

Elvira und Ludwig Lang
mit Claudio und Michaela
Heinrich und Charlotte Lang
Kurt und Monika Grothe
und alle, die sie lieb hatten

1. Nadine hat sich das Leben genommen. Für ihre Eltern, Geschwister und Groß-
eltern ist das ein Schritt, den sie nie verkraften werden. Es bleibt besonders das
Gefühl, an ihrem Tod mitschuldig zu sein.

Welche Schuldfragen könnten sie sich stellen?
Schreibe sie auf.

2. Was meint ihr, hat Nadine gewusst, dass ihre Eltern und Geschwister danach un-
tröstlich sind und sich für immer schuldig fühlen? Tauscht eure Meinungen dazu
aus.

Weber: Selbstmord – Warum? · ab Klasse 7
© Brigg Pädagogik Verlag GmbH, Augsburg

Lies die folgende Tabelle.

Warnhinweise für eine erhöhte Suizidgefährdung bei Jugendlichen nach den neuseeländischen Leitlinien	
Veränderungen im Verhalten	• Isolation oder Rückzug • Verlust von früheren Interessen • Schlechte Leistungen bei der Arbeit oder in der Schule • Häufiges Weinen • Ungewöhnliches oder bizarres Verhalten • Erheblicher Drogen- oder Alkoholkonsum • Risikoreiches, gefährdendes Verhalten • Seine Angelegenheiten ordnen • Verschenken von bisher wichtigen persönlichen Sachen • Schlechte Konzentration • Entscheidungsschwierigkeiten • Niedriges Selbstbewusstsein • Ungewohnte Aggressivität • Unangemessene Schuldgefühle • Auffällige oder bizarre Gedanken/psychotische Symptome
Veränderungen der Stimmung	• Traurigkeit • Hoffungslosigkeit • Angst • Verzweiflung
Veränderungen in Gewohnheiten	• Gewichtsverlust oder -zunahme • Appetitverlust oder -zunahme • Energielosigkeit • Veränderungen der Schlafgewohnheiten, kaum oder sehr viel Schlaf
Beschäftigung mit dem Tod	• Beschäftigung mit Kunst, Literatur, Filmen über Tod, Suizid • Ungewöhnliche Beschäftigung mit Gedanken an einen Verstorbenen • Beschäftigung mit Suizid verherrlichender Musik, morbiden Themen oder Gespräche über Suizid als eine akzeptable Möglichkeit
Gespräche über Suizid	• Pläne zum Suizid • Fragen nach Methoden für einen Suizid • Sagen, dass es besser wäre tot zu sein • Suiziddrohungen
Stress	• Das Erleben eines unerträglichen Verlustes oder von unerträglichem Stress
Scheinbare Ruhe und abrupte Besserung einer Depression	• Plötzliche, scheinbare Ruhe oder scheinbares Glück, nach einer Periode der Traurigkeit mit den oben genannten Symptomen.

(http://www.neuro24.de/d12.htm)

Weber: Selbstmord – Warum? · ab Klasse 7
© Brigg Pädagogik Verlag GmbH, Augsburg

1. Lies die Warnhinweise auf Seite 56 aufmerksam durch.

2. Was bedeuten folgende Begriffe:

Suizid: _____

Isolation: _____

bizarres Verhalten: _____

Konzentration: _____

Aggressivität: _____

psychotische Symptome: _____

Energielosigkeit: _____

3. Schreibe fünf Handlungen oder Situationen auf, die auf Gedanken über Selbstmord hindeuten könnten.

_____

_____

_____

_____

Versuche dann Begründungen zu finden, warum dieses Verhalten ein versteckter Hinweis auf Selbstmord sein könnte.

4. Diskutiert über folgende Aussagen:

Manche Verhaltensweisen für sich allein betrachtet, deuten noch nicht auf Selbstmord hin.
Fallen jedoch einige Verhaltensänderungen zusammen, sollte man erhöht wachsam sein.

Weber: Selbstmord – Warum? · ab Klasse 7
© Brigg Pädagogik Verlag GmbH, Augsburg

Silbenrätsel

Lies das Kapitel „Die Clique" noch einmal.
Beantworte dann die folgenden Fragen und setze die Antworten aus den Silben
zusammen.

be	bier	cke	der	der	di	el	er	fla	gung	ho	ja	ka
kel	le	le	ler	lin	par	pel	ra	ro	sand	sche	sen	sen
		te	to	ty	vi	zy						

1.) Wo trifft sich die Clique?

2.) Welche Kleidung trägt Steffen?

3.) Woraus nahm Philipp einen großen Schluck?

4.) Wohin ging Philipp?

5.) Wo fand die Beerdigung statt?

6.) Was trug der Mann vom Beerdigungsinstitut?

7.) Wie heißt Nadines Mutter?

8.) Was lag neben Nadines Kopf?

9.) Welche Band mochte Nadine?

10.) Was warf Philipp auf den Sarg?

Weber: Selbstmord – Warum? · ab Klasse 7
© Brigg Pädagogik Verlag GmbH, Augsburg

Selbstmord – und wie man es „richtig" macht

Hilfe, ich habe keine Lust mehr, zu leben. Jeden Tag denke ich daran, wie ich mir das Leben nehmen könnte. Jetzt bin ich zu dem Entschluss gekommen, mir die Pulsadern aufzuschneiden. Aber wie macht man es eigentlich genau?

Christina, 15 Jahre

Antwort:
Nie im Leben glaube ich dir, dass du Selbstmord machen willst. Du willst dich doch nur wichtig tun. Es klappt nämlich nie, sich die Adern aufzuschneiden. Meist läuft ein bisschen Blut raus, und das war es dann. Aber du kriegst, was du willst: Alle umtuddeln dich und du stehst im Mittelpunkt.
Wenn du schon dein Leben beenden willst, solltest du es richtig tun. Also, spring von der Brücke, wirf dich vor einen Zug und lass uns mit deinem albernen Geheule in Ruhe.

Mike, 20 Jahre

1. Was sagt ihr zu Christinas Frage? Wie findet ihr Mikes Antwort?
Tauscht eure Meinungen aus.

2. Stell dir vor, du liest Christinas Nachricht im Internet.
Was würdest du antworten?
Schreibe deine Antwort für sie in dein Heft.

Die Beerdigungszeremonie

Für Philipp war es selbstverständlich, zu Nadines Beerdigung zu gehen. Schließlich hatte er sie gekannt. Nicht sehr gut, aber doch immerhin. Außerdem wollte er seine Mutter nicht alleine lassen.
Vor allem aber wollte er einmal sehen, wie eine Trauerfeier so ablief. Er war noch nie auf einer Beerdigung gewesen. Und er hatte noch nie einen Toten gesehen.

1. Warst du schon einmal auf einer Beerdigung?
Wer wurde beerdigt? Schreibe den Verlauf der Trauerfeier in dein Heft.

2. Wie gestaltete die Familie von Nadine die Beerdigung ihrer Tochter?
Wie verhält sich Philipp auf der Beerdigung?
Beschreibe seine Gefühle, was geht in ihm vor?

Weber: Selbstmord – Warum? · ab Klasse 7
© Brigg Pädagogik Verlag GmbH, Augsburg

Selbstmord-Chat, wie denkt ihr darüber?

Im Internet gibt es Chatrooms oder Foren in denen sich Menschen anonym treffen, um sich über das Thema Selbstmord auszutauschen.

Hier sind verschiedene Meinungen über diese Chatrooms abgedruckt.

Lest die unterschiedlichen Statements.
Teilt euch in Dreiergruppen auf. Welche Meinungen habt ihr dazu?
Schreibt sie auf und tragt sie der Klasse vor.

Weber: Selbstmord – Warum? · ab Klasse 7
© Brigg Pädagogik Verlag GmbH, Augsburg

Telefonseelsorge

Die Telefonseelsorge gehört zu den ältesten anonymen Beratungsstellen, die es gibt.

1. Lies die folgende Darstellung ihrer Arbeit:

> Die Telefonseelsorge ist auch interaktiv per Mail oder Chat erreichbar. Wenn Sie auf diesem Wege mit uns Kontakt aufnehmen möchten, finden Sie hier weitergehende Informationen.
> Für die Beratung und Seelsorge im Internet gelten die gleichen Grundsätze wie für das Telefon. Dazu zählen:
>
> **Offenheit**
> Die Telefonseelsorge ist offen für alle Problembereiche, für alle Ratsuchenden in ihrer jeweiligen Situation.
>
> **Kompetenz**
> Die ehrenamtlich tätigen Mitarbeiterinnen und Mitarbeiter der Telefonseelsorge sind sorgfältig ausgewählt, mindestens über ein Jahr ausgebildet und werden durch regelmäßige Supervision begleitet.
>
> **Anonymität und Verschwiegenheit**
> Jede und jeder kann anonym bleiben. Alle Mitarbeiterinnen und Mitarbeiter unterliegen der Schweigepflicht. Zum Schutz vor Internet-Voyeurismus wurde die Mail- und Chatberatung in einem besonders sicheren Standard verschlüsselt, sodass auch von außen niemand Einblick in die Kontakte nehmen kann.
>
> **Ideologiefreiheit**
> Auf die Ratsuchenden wird weder konfessioneller noch politischer oder ideologischer Druck ausgeübt.
>
> **Kostenfreiheit**
> Für die Ratsuchenden entstehen keine Kosten, außer für ihre Internetverbindung bei ihrem Provider.
>
> *http://www.telefonseelsorge.de/beratung/internet.htm*

Beantworte folgende Fragen in deinem Heft:

2. Was weißt du über die Arbeit der Telefonseelsorge?

3. Wie beurteilst du die Arbeit der Telefonseelsorge?

4. Was unterscheidet die Telefonseelsorge von einem Selbstmordforum?

Weber: Selbstmord – Warum? · ab Klasse 7
© Brigg Pädagogik Verlag GmbH, Augsburg

Gitterrätsel

▶ Schau dir dieses Gitterrätsel an. 33 Wörter haben sich hier versteckt, die im Kapitel „Yvonne und Bruno" vorkommen. Kannst du sie finden? Die Wörter stehen senkrecht und waagrecht. Notiere sie.

```
F I P A N I K Z K M L T A S T G S O P A T R Q
G T Z O V B X H A N D Y M A F O C W Y M K P E
G U E R T E L L F A H R R A D F H Q V T O O P
M A H J C U I Z F K R S A Z D M L D O O P E P
S C H P L U S T E R B A C K E K I R N Z F A I
L O R J S T U O E L C M E E C I N P N E P K A
H S T U H L T K T D A R R L K U G U E S A L R
A C Y G T Z P A R K B A N K E O E Z F C K I P
U W T E A P U Z I G G T E H A L S K L H A N N
T D P N K L N K N A E J T E O A C L S L J G O
O I T D P A K G K S P U T Z I N H T C I G B W
B R E Z I N B E E R D I G U N G M A H N M E E
A M I E O R E O N F G A N T U E E S N G O R T
H T M N A C H M I T T A G H K W R G A E N T J
N Z I T M T A I K R O N A O O E Z M L K D S A
B F B R U N O N L I V C R K N I E S L L E T Z
R U E U M I L U F T S P T F T L N Z E E U R L
U I T M T A N T K A H K E L L E R R A U M A M
E J T O L G Q E F H I D N M E C D I E T K S T
C L A Q T K O P H F I A Z M E N S T A I N S I
K B S C H N A L L E Q U A T S C H E N P U E U
E S S T Z I M E O A N K U H M I N U T E W U D
S T A D T B U M M E L M N A R P Z L A B T I G
```


Die erste große Liebe

Yvonne und er waren seit fast einem Jahr zusammen. Seit einem Jahr!
Sie war seine erste Liebe, und er ihre.
Sie hatten sich bei einer Fete im Jugendzentrum kennengelernt. Hatten stunden-
lang miteinander gequatscht.
Waren dann nach draußen gegangen, in den Park an den Rhein.
Hatten weiter gequatscht, und schließlich vorsichtig miteinander geschmust.
Schließlich hatten sie sich geküsst. Immer und immer wieder. Seitdem waren sie
unzertrennlich.
Im Juli wollten sie zusammen zelten. Dann würden sie auch zum ersten Mal mitei-
nander schlafen.

1. Die erste große Liebe vergisst man nicht.
Noch nach Jahrzehnten erinnern sich auch alte Menschen an ihre erste Liebe, an
Tanzstundenzeiten, Erinnerungen aus dem Krieg, an durchgefeierte Nächte, an
lange Gespräche und Spaziergänge durch den Regen.
Es gibt kaum einen Kinofilm, kaum einen Roman, kaum ein Gedicht, das nicht
von der großen Liebe erzählt.
Nenne einige Kinofilme, die von der großen Liebe erzählen.

2. Warst du schon einmal verliebt? Welche Worte fallen dir zum Thema „Verliebt-
sein" ein. Schreibe sie auf.

3. Denke dir eine Liebesgeschichte aus. Überlege, wie deine Hauptdarsteller hei-
ßen, wie und wo sie leben und wo sie sich das erste Mal begegnen.
Schreibe dann diese Begegnung, bei der sie sich ineinander verlieben auf.
Übe die Geschichte zu Hause und lies sie dann deinen Klassenkameraden vor.

Weber: Selbstmord – Warum? · ab Klasse 7
© Brigg Pädagogik Verlag GmbH, Augsburg

Eifersucht

Philipp sieht, wie Bruno und Yvonne im Kellerraum miteinander tanzen und „schmu-sen". Dann schleicht er sich davon.
Doch auf dem Heimweg rasen tausend Gedanken durch seinen Kopf.

1. Schreibe auf, was auf dem Heimweg in seinem Kopf vor sich geht.

2. Was meinst du: Warum macht Philipp nicht reinen Tisch? Warum stellt er Bruno und Yvonne nicht zur Rede? Schreibe deine Überlegungen auf.

3. Wie hättest du dich an Philipps Stelle verhalten? Tausche dich darüber mit deinem Banknachbarn aus.

Personenbeschreibung: Philipp – Yvonne – Bruno

1. Setz dich mit einem Partner zusammen. Sucht euch eine der oben genannten Personen aus und sammelt alles, was ihr über sie wisst. Macht euch dazu Stichpunkte.
Löst nun gemeinsam eine der unten stehenden Aufgaben.

a) Philipp ist ein besonderer Junge.
Schreibe auf, was an ihm besonders ist.
Denke dir einen Lebenslauf zu Philipp aus.

b) Yvonne ist ein besonderes Mädchen.
Schreibe auf, was an ihr besonders ist.
Denke dir einen Lebenslauf zu Yvonne aus.

c) Auch Bruno ist ein besonderer Junge.
Schreibe auf, was an ihm besonders ist.
Denke dir einen Lebenslauf zu Bruno aus.

Weber: Selbstmord – Warum? · ab Klasse 7
© Brigg Pädagogik Verlag GmbH, Augsburg

Der Tunnelblick

Selbstmörder, so sagt die Wissenschaft, entwickeln irgendwann in ihrem Leben einen „Tunnelblick". Bei diesem Tunnelblick entsteht ihre Idee vom Sterben. Dieser Blick führt dazu, dass sie nur noch negative Dinge denken und sich nicht mehr davon lösen können. Der Tunnelblick führt dazu, dass sie irgendwann ihre Idee in die Tat umsetzen.

Philipp beginnt im Kapitel „Yvonne und Bruno" damit, einen Tunnelblick zu entwickeln.

Schreibe in die Tunnelröhren, welche schweren Gedanken ihn beschäftigen.

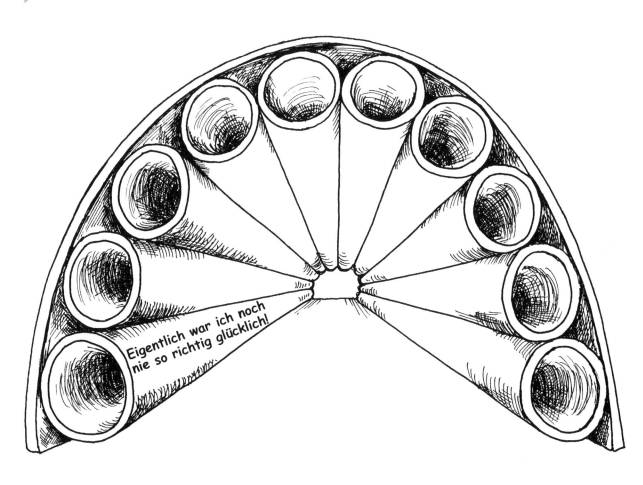

Eigentlich war ich noch nie so richtig glücklich!

Welche Sätze gehören zusammen? Verbinde sie mit einer Linie.

Philipp ließ den Gürtel

und presste ihre Hand vor den Mund.

Frau Schwarz erschien auf dem Boden

in einer Schublade verschwinden.

und hängte sich an den Balken.

die Tür zum Dachboden.

Leise öffnete Philipp

Yvonne trat in Philipps Zimmer

Philipp duckte sich

bis sie den Bodenraum verlassen hatte.

Yvonne schluchzte

Philipp stieg auf den Stuhl

und kroch hinter die Dachpfannen.

und hängte die Wäsche auf.

und lies sich auf sein Bett fallen.

Philipp wartete geduldig

Weber: Selbstmord – Warum? · ab Klasse 7
© Brigg Pädagogik Verlag GmbH, Augsburg

Zwischen zwei Jungen

„Hör zu, Philipp", murmelte Yvonne nun gepresst. „Ich weiß nicht, was ich machen soll. Ich glaube, ich habe mich in Bruno verliebt. Aber gleichzeitig … gleichzeitig liebe ich dich auch noch. Und jetzt weiß ich gar nicht, was ich machen soll."

Yvonne hat sich in zwei Jungen verliebt. Jetzt weiß sie nicht, für wen sie sich entscheiden soll.
Abends setzt sie sich an den Schreibtisch und legt eine Tabelle an.

Philipp	
dafür	**dagegen**
1.) _____ 2.) _____ 3.) _____ ….	_____ _____ _____

Bruno	
dafür	**dagegen**
1.) _____ 2.) _____ 3.) _____ …	_____ _____ _____

Was würdest du Yvonne raten? Begründe deinen Ratschlag in einem Brief.
Wie gehst du vor, wenn du zwischen zwei Entscheidungen stehst?
Diskutiert eure unterschiedlichen Wege in der Klasse.

Weber: Selbstmord – Warum? · ab Klasse 7
© Brigg Pädagogik Verlag GmbH, Augsburg

Philipp und Yvonne

Es reichte Philipp. Schon lange.
„Soll ich dir mal was sagen", meinte er dann. „Da hinten ist die Tür. Dadurch verschwindest du, ist das klar? Ich will dich nämlich nicht mehr sehen. Kapiert? Kapiiert?"

1. Philipp zeigt an dieser Stelle ein hartes Verhalten.
Warum verhält er sich so? Begründe deine Meinung.

2. Philipp liebt Yvonne.
Warum kämpft er nicht um sie? Was meinst du?
Schreibe deine Gedanken dazu auf.

3. Stell dir vor, Philipp hätte Yvonne von seinen Gefühlen erzählt.
Schreibe auf, was Philipp Yvonne hätte sagen können.
Wie hätte Yvonne wohl reagiert?

4. Arbeite mit einem Partner zusammen.
Einer übernimmt Yvonnes Sichtweise, einer Philipps.
Schreibt ein Gespräch zwischen den beiden auf und tragt es in der Klasse vor.

Weber: Selbstmord – Warum? · ab Klasse 7
© Brigg Pädagogik Verlag GmbH, Augsburg

Philipps Pläne

1. Philipp hat andere Pläne für sich gefunden. Wie sehen sie aus?

2. Philipp sucht sich niemanden, um über seine Probleme zu sprechen.
Doch nehmen wir einmal an, er wäre dir begegnet.
Du kommst zufällig an seinem Haus vorbei, als Yvonne aus dem Haus stürzt.
Du siehst, dass sie weint. Und du weißt, dass es zwischen Yvonne und Philipp
nicht immer einfach ist.
Und da du ein guter Freund oder eine gute Freundin bist, klingelst du bei Philipp.
Gute Freunde sind wachsam und so siehst du schnell, dass Philipp blass aus-
sieht. Er ist wütend und hinter seiner wütenden Fassade erkennst du, dass er
traurig ist.
Du beschließt, bei ihm zu bleiben und setzt dich auf sein Bett.
„Mensch Philipp", sagst du. „Ich rieche doch aus zehn Metern Entfernung, dass
es dir nicht gut geht. Los, sag mir, was dich bedrückt. Ich bin doch dein bester
Freund."
Und dann erzählt Philipp, was in ihm vorgeht.

Schreibe auf, was er dir zu erzählen hat.

Weber: Selbstmord – Warum? · ab Klasse 7
© Brigg Pädagogik Verlag GmbH, Augsburg

Wie genau hast du das Kapitel „Auf dem Friedhof" gelesen?
Beantworte folgende Fragen:

1.) Welches Körperteil berührte Bruno bei Yvonne?	ihren Busen	ihr Knie	ihre Hand
2.) In welcher Klasse war Nadine?	8. Klasse	7. Klasse	6. Klasse
3.) Welche Nummer hatte Nadines Grab?	Nummer 7429	Nummer 7428	Nummer 7284
4.) Wer würde bei Philipps Beerdigung in der ersten Reihe sitzen?	Yvonne	Bruno	Manfred
5.) Wie hieß das Mädchen am Grab?	Lena	Lea	Lisa
6.) Was hatte sie in der Hand?	Taschentuch	Handtasche	Rose
7.) Von wem redet Lea?	Gott	ihrer Mutter	ihrem Freund
8.) Wie sah Lea aus?	toll	altmodisch	fröhlich
9.) Wohin sollten Selbstmörder Leas Meinung nach vorher gehen?	in die Schule	zum Sport	nach Afrika
10.) Wo war die Eisdiele?	hinter der Friedhofsmauer	am Sportplatz	in der Fußgängerzone
11.) Welche Eissorten nahmen sie?	Malaga und Kiwi	Schokosahne und Nuss	Schokosahne und Malaga
12.) Wohin setzten sich die beiden?	in den Schatten	in die Sonne	auf die Bank
13.) Wie alt wird Philipp Leas Meinung nach?	50 Jahre	80 Jahre	70 Jahre

Zähle deine Punkte zusammen.

Von 13 Punkten hast du _____ Punkte

Wenn du weniger als 8 Punkte hast, solltest du das Kapitel nochmals genau lesen.

Weber: Selbstmord – Warum? · ab Klasse 7
© Brigg Pädagogik Verlag GmbH, Augsburg

Die Clique verändert sich

1. Philipp und Yvonne sind zusammen.
Was denken die einzelnen Cliquenmitglieder darüber.
Schreibe ihre Gedanken auf.

_____

_____

_____

_____

_____

2. Yvonne ist mit Bruno zusammen.
Was denken die einzelnen Cliquenmitglieder darüber.
Schreibe ihre Gedanken auf.

_____

_____

_____

_____

_____

Wer war Nadine?

Nadine hat sich das Leben genommen. Aber vorher hat sie einen Abschiedsbrief geschrieben.

Stell dir ihr Leben vor und schreibe Nadines Abschiedsbrief.
Lies die Fragen, sie sollen dir beim Verfassen des Briefes helfen.

Wie ist ihr Leben verlaufen?
Welche Probleme hatte sie?
Warum wollte sie sterben?
Gab es einen Anlass, der das Fass zum Überlaufen brachte?

Weber: Selbstmord – Warum? · ab Klasse 7
© Brigg Pädagogik Verlag GmbH, Augsburg

Gott – was denkst du über ihn?

Gott? Wer sollte das denn sein? Dieser alte Mann im Himmel? Was verstand der denn vom Leben?

1. Es gibt verschiedene Religionen und damit auch verschiedene Wesen, die die Menschen als „Gott" bezeichnen.
Welche Namen für Gott gibt es in den unterschiedlichen Religionen?
Was hast du für ein Verhältnis zu deinem Gott?
Wer redet zu Hause mit dir über Glaubensfragen?
Wie denkst du über das Leben nach dem Tod?

Schreibe deine Antworten in dein Heft.

„Gott hat uns das Leben geschenkt, und dann sollten wir es uns nicht einfach so wegnehmen", sagte Lea.

2. Was denkt ihr über Leas Aussage?
Darf man sich das Leben nehmen, wenn man nicht mehr leben möchte?
Diskutiert darüber in der Klasse.

„Gott ist tot", sagte der Junge. „Seltsam", wunderte sich der alte Pater: „Vor einer Stunde sprach ich noch mit ihm".

3. Gibt es Situationen, in denen du mit deinem Gott sprichst?
Welche Situationen sind das?
Wie sprichst du mit ihm?
Gehst du in eine Kirche, in eine Moschee, in eine Synagoge, in ein Gemeindehaus?
Wie stehst du zu anderen Religionen?

Beantworte die Fragen in deinem Heft.
Tauscht euch in Kleingruppen über euren Glauben aus.

Weber: Selbstmord – Warum? · ab Klasse 7
© Brigg Pädagogik Verlag GmbH, Augsburg

Arbeiten in Afrika

Wenn mir jemand sagen würde, er würde seinen gut bezahlten Beruf kündigen, um als Streetworker in Südafrika zu arbeiten, hätte ich ihn noch vor drei Jahren für verrückt erklärt. Doch ich hatte irgendwann alles so satt, meinen Job, die Karriere, die schicke Wohnung, den Anzug. Ich hatte das Gefühl, mich wie ein Goldhamster im Rad zu drehen. So beschloss ich, eine Auszeit zu nehmen. Bei einem Gespräch mit meinem Pfarrer lernte ich die „Youth for Christ"-Organisation kennen und nach langer Überlegung und schlaflosen Nächten ging ich mit ihr für ein Jahr nach Südafrika. Dieses Jahr war die wichtigste Erfahrung meines Lebens. Ich lernte, dass es ganz andere Sorgen gibt, als die, die ich bis jetzt hatte. Da gab es den Kampf ums Überleben, um das tägliche Brot und vor allem um sauberes Wasser. Drei Jahre blieb ich hier. Seitdem sehe ich die Welt mit anderen Augen.

Markus, 24 Jahre

Ein Jahr ist es her, dass ich in Afrika war, und immer noch lassen mich die Bilder an dieses Land, die Liebe zu den Menschen und die Sorge um sie nicht los. Ich war mit der Schule fertig, hatte zu nichts Bock und bin eigentlich den ganzen Tag lang rumgegammmelt. Dann lernte ich auf einer Veranstaltung einen Pfarrer kennen, der für ein Krankenhaus in Mosambik sammelte. Ich unterhielt mich lange mit ihm. Danach stand für mich fest, dass ich auch in diesem Krankenhaus arbeiten wollte. Meine Eltern waren natürlich entsetzt, aber ich ließ nicht locker. Dann endlich war ich da. Die Arbeit im Krankenhaus war schrecklich und wunderbar zugleich. Ich hatte ja keine Ausbildung, konnte nur helfen, pflegen, waschen, trösten. Es war ein Tropfen auf den heißen Stein. Oftmals war ich einfach nur beim Sterben dabei, damit die Menschen nicht alleine starben. Als das Jahr um war, kehrte ich nach Deutschland zurück, aber mit dem festen Wunsch, Krankenschwester zu werden, und sobald wie möglich zurückzukehren.

Jasmina, 19 Jahre

1. Lies die beiden Erfahrungsberichte. Was denkst du darüber? Könntest du dich auch für so eine Arbeit entscheiden?
Schreibe deine Meinung auf.

2. Was könnte gegen, was könnte für eine Arbeit in Afrika sprechen? Sprecht darüber in eurer Klasse. Haltet eure Ergebnisse an der Tafel fest.

Weber: Selbstmord – Warum? · ab Klasse 7
© Brigg Pädagogik Verlag GmbH, Augsburg

Rätsel entwickeln

Nun ist es deine Aufgabe, Rätselfragen für deinen Banknachbarn zu finden.
Lies das Kapitel Abschiedsbriefe aufmerksam. Stelle dann Fragen dazu und gib
jeweils eine richtige und eine falsche Antwort an.

1.) Wo lag Yvonnes Hand?	Schulter	Ober-schenkel
2.)		
3.)		
4.)		
5.)		
6.)		
7.)		
8.)		
9.)		
10.)		
Punkte		**von 10**

Tausche das Rätsel mit deinem Nachbarn aus und löse es.
Lass dein Rätsel dann von deinem Nachbarn korrigieren und umgekehrt.

Weber: Selbstmord – Warum? · ab Klasse 7
© Brigg Pädagogik Verlag GmbH, Augsburg

Abschiedsbriefe schreiben

1. Philipp schreibt einen Abschiedsbrief an seine Mutter und an Yvonne, doch er sagt in keinem Abschiedsbrief wirklich die Wahrheit.
Was müsste er schreiben, wenn er die Wahrheit sagen wollte:

Liebe Mama,

Liebe Yvonne,

2. Es gibt auch noch andere Menschen, die einen Abschiedsbrief bekommen müssten. Schreibe auch einen Abschiedsbrief an Bruno und Manfred.

Hallo Bruno,

Hallo Manfred,

Weber: Selbstmord – Warum? · ab Klasse 7
© Brigg Pädagogik Verlag GmbH, Augsburg

Bestrafung?

Wenn Menschen Selbstmord begehen, haben sie oft nicht nur den Wunsch, ihr Leben zu beenden, sie wollen vielleicht auch jemanden für ihren Tod mitverantwortlich machen und „bestrafen".
Wen könnte Philipp für seinen Tod mitverantwortlich machen und bestrafen wollen? Schreibe seine Gedanken auf.

Das Leben eines Angehörigen

Petra ist 42 Jahre alt, als sie sich in Therapie begibt. Schon seit vielen Jahren leidet sie unter Schlaflosigkeit, ohne einen Grund dafür zu wissen. Sie hat einen guten Beruf, eine Familie mit einem liebenswürdigen Ehemann und zwei Kindern, ein schönes kleines Haus in netter Nachbarschaft.

Aber diese Schlaflosigkeit lässt sie nicht los. Stunde um Stunde wälzt sie sich von links nach rechts, bis sie sich schließlich nicht anders zu helfen weiß, als Tabletten zu nehmen. Als sie dann noch deutlich an Gewicht verliert, entschließt sie sich, eine Therapie zu machen.

Es ist eine Gruppentherapie mit noch fünf weiteren Menschen, die alle unter Schlafstörungen leiden. Alle erzählen nach und nach ihr Problem, immer ist Petra ein aufmerksamer und einfühlsamer Zuhörer.

„Was ist dein Problem?", fragen die anderen.

„Ich habe kein Problem", sagt Petra. „Ich kann einfach nur nicht schlafen." Der Therapeut betrachtet sie genauer. Petra trägt ihre schulterlangen Haare zur Seite gescheitelt. Die eine Seite ist frei, die Haare auf der anderen Seite verdecken oft die Hälfte ihres Gesichtes. Und wenn ihr eine Frage zu heikel erscheint, zieht sie schnell den „Vorhang" zu.

„Weißt du eigentlich, dass du eine offene und eine verschlossene Gesichtshälfte hast?", fragt der Therapeut.

Petra lacht. Das hat sie noch nie so gesehen.

„Ich trage diese Frisur schon seit ich klein bin", erzählt sie fröhlich.

„Kannst du dich erinnern, wer früher am Tisch neben dir gesessen hat?", will der Therapeut wissen.

Petra sieht plötzlich sehr erschrocken aus.

„Wer saß an der Seite neben dir, die so verschlossen ist", bohrt der Therapeut weiter.

Da bricht Petra in Tränen aus.

Neben ihr am Tisch saß bei den Familienmahlzeiten ihre Schwester Monika, ein Jahr älter als sie. Monika war ihre engste Vertraute.

Und dann, im Alter von 15 Jahren nahm sich Monika das Leben.

Petra blieb zurück mit großer Traurigkeit, Verständnislosigkeit, Verzweiflung und Wut.

Der Stuhl neben ihr blieb frei.

 Sprecht darüber, wie sich ein Selbstmord auch nach vielen Jahren noch auf Familienmitglieder auswirken kann.

Weber: Selbstmord – Warum? · ab Klasse 7
© Brigg Pädagogik Verlag GmbH, Augsburg

Songtext: „**Wenn die Nacht am tiefsten**"

Ich war oft am Ende, fertig und allein.
Alles, was ich gehört hab, war: „Lass es sein!
So viel Kraft hast du nicht, so viel kannst du nicht geben.
Geh den Weg, den alle geh'n, du hast nur ein Leben."

Refrain:
Doch ich will diesen Weg zu Ende geh'n,
und ich weiß, wir werden die Sonne seh'n!
Wenn die Nacht am tiefsten ist, ist der Tag am nächsten.

Manchmal bin ich kalt und schwer wie ein Sack mit Steinen.
Kann nicht lachen und auch nicht weinen.
Seh' keine Sonne, seh' keine Sterne,
und das Land, das wir suchen, liegt in weiter Ferne.

Refrain:
Doch wir werden diesen Weg zu Ende geh'n,
und ich weiß, wir werden die Sonne sehn!
Wenn die Nacht am tiefsten ist, ist der Tag am nächsten.

(Ton, Steine, Scherben)

(Anmerkungen:
Dieser Song basiert auf einem Spruch von Ho Chi Minh, geschrieben von Rio Reiser als einer seiner Freunde (Raymond) wegen eines Unfalls im Krankenhaus lag.)

1. Lies diesen Song.
Was beschreibt er?
Wozu versucht er zu ermutigen?

2. Kennst du andere Songs oder Raps, die Mut zum Leben machen und zum Durchhalten? Stelle sie der Klasse vor.

3. Bildet Gruppen und schreibt einen zum Thema passenden Rap.

Weber: Selbstmord – Warum? · ab Klasse 7
© Brigg Pädagogik Verlag GmbH, Augsburg

Sätze vervollständigen

Lies das Kapitel „Ein letztes Mal" aufmerksam durch.
Vervollständige die Sätze.

1.) Vicky starrte _____ .

2.) _____ ihre Haare nach hinten.

3.) _____ mit der Klasse zum Gottes-

dienst kommen _____ .

4.) Er winkte der Frau entgegen, _____ .

5.) _____ war ihm zum Weinen

zumute.

6.) _____ den Wasserkocher ab _____ .

7.) Lea klopfte _____ .

8.) _____ und öffnete _____ .

9.) _____ über ihre Jogginghose.

10.) Lea klingelte _____ .

11.) _____ würde er dann _____ .

12.) Seine Mundwinkel _____ .

13.) _____ Fieber bekommen.

14.) Schließlich musste er noch _____ .

15.) _____ und schaute _____ .

Weber: Selbstmord – Warum? · ab Klasse 7
© Brigg Pädagogik Verlag GmbH, Augsburg

Ein Rollenspiel schreiben

Von allen Menschen, die einen Selbstmordversuch begehen, wiederholen nur sehr wenige den Selbstmord ein zweites Mal. Das zeigt, wie sehr die Menschen doch am Leben hängen.

Philipp beschließt an diesem Morgen, Selbstmord zu begehen. Es gibt viele Anzeichen dafür. Und doch gibt es niemanden, der die Anzeichen bemerkt, und der ihn vielleicht von seinen Plänen abhalten könnte.

1. Lest das Kapitel „Ein letztes Mal" noch einmal genau durch.

2. Besprecht, wer Philipps Pläne hätte bemerken müssen, wenn er etwas aufmerksamer gewesen wäre. Notiert die Personen.

3. Bildet dann Gruppen, sucht euch eine Person aus und schreibt ein Gespräch zwischen den beiden auf.
Übt das Gespräch als Rollenspiel. Denk dabei an Gestik, Mimik und Tonfall. Spielt es der Klasse vor.

Weber: Selbstmord – Warum? · ab Klasse 7
© Brigg Pädagogik Verlag GmbH, Augsburg

Abschied

Den Weg von der Schule nach Hause ging er heute ein letztes Mal. Vorbei an dem Zeitschriftenkiosk an der Ecke. Er winkte der Frau entgegen, die hinter dem Fenster saß. Sie winkte zurück. Das war ein komisches Gefühl.
Die letzten Meter zum Haus ging Philipp ganz bewusst. Schaute sich noch einmal jedes Haus an, jede Pflanze, jeden Stein.

1. Musstest du schon einmal Abschied nehmen? Vielleicht von einem Land, von einer Stadt, von einem Menschen, der weggezogen oder sogar gestorben ist? Erinnere dich an den Tag, an dem du alles zum letzten Mal erlebt hast.
Wie hast du den Tag wahrgenommen? Was hast du erlebt? Wie fühltest du dich? Wer war bei dir, um dich zu trösten?
Schreibe deine Geschichte auf.

2. Suche dir jemanden in der Klasse, den du gerne magst und dem du vertrauen kannst und lies ihm die Geschichte vor.

Weber: Selbstmord – Warum? · ab Klasse 7
© Brigg Pädagogik Verlag GmbH, Augsburg

Informationen zum Thema Selbstmord

Alle 47 Minuten stirbt in Deutschland ein Mensch durch Suizid, alle 40 Sekunden stirbt weltweit ein Mensch durch Suizid, alle vier Minuten macht ein Mensch in Deutschland einen Suizidversuch, mehr als 11 000 Menschen sterben in Deutschland jedes Jahr durch Suizid. (…)

Die absichtliche und freiwillige Beendigung des eigenen Lebens bezeichnet man als Suizid, Freitod oder auch als Selbstmord.

Im antiken Griechenland und den Anfängen Roms verurteilte man Verbrecher dazu, sich das Leben zu nehmen.

Japanische Samurai besaßen bis 1873 das Privileg, sich durch Suizid für ihr Fehlverhalten selbst bestrafen zu dürfen und so der Demütigung durch Feinde zu entgehen.

Witwenverbrennungen im Hinduismus sind erst in neuerer Zeit verboten worden.

Alle monotheistischen Religionen wie Islam, Judentum und Christentum verbieten den Suizid, im Alten Testament werden allerdings Suizide ohne Wertung berichtet.

Die christliche Kirche verhängte im 5. Jahrhundert ein Suizidverbot, als Strafe drohte die Exkommunikation und die Verweigerung einer kirchlichen Bestattung. Suizid war eine Todsünde und sollte zu ewigen Höllenqualen führen, ähnlich dem Mord.

Seit dem Mittelalter wurde der Suizid bzw. der Selbsttötungsversuch in Europa unter Strafe gestellt.

Erst infolge der Französischen Revolution wurde der Straftatbestand des Suizidversuchs in europäischen Gesellschaften nach und nach aufgegeben, zuletzt in Großbritannien im Jahre 1961.

Ausschnitt aus: Suizidalität – Ist Selbstmord das Produkt einer freien Entscheidung?
Karl C. Mayer, Facharzt für Neurologie, Psychiatrie und Facharzt für Psychotherapeutische Medizin,
Psychoanalyse www.neuro24.de/d12.htm

Weber: Selbstmord – Warum? · ab Klasse 7
© Brigg Pädagogik Verlag GmbH, Augsburg

Ein letztes Mal

Der Text „Informationen zum Thema Selbstmord" ist schwierig zu verstehen.

1. Lies ihn mehrmals laut. Unterstreiche mit einem Textmarker die Wörter, die du nicht verstehst und schreibe sie heraus.

2. Erkläre folgende Wörter mithilfe des Lexikons oder recherchiere im Internet:

Suizid: _____

Suizidversuch: _____

Judentum: _____

Japanische Samurai: _____

Demütigung: _____

Privileg: _____

Hinduismus: _____

Monotheistische Religion: _____

Islam: _____

Exkommunikation: _____

Witwenverbrennung: _____

Französische Revolution: _____

3. Halte dann in wenigen Sätzen fest, wovon der Text handelt.

4. Selbstmord wurde in verschiedenen Ländern, in verschiedenen Religionen und in verschiedenen Zeiten anders bewertet.
Wie wird Selbstmord in den vier großen Religionen (Hinduismus, Islam, Judentum, Christentum) heute beurteilt und gesehen?
Bildet Gruppen, jede Gruppe wählt eine Religion aus. Recherchiert dazu im Internet, befragt auch euren Religions- oder Ethiklehrer. Tragt dann eure Ergebnisse der Klasse vor.

5. Wie steht ihr zu den Entscheidungen der vier großen Religionen. Sprecht in der Klasse darüber.

Weber: Selbstmord – Warum? · ab Klasse 7
© Brigg Pädagogik Verlag GmbH, Augsburg

Schülermeinungen zum Thema Selbstmord

Ich glaube nicht, dass sich ein Mensch wirklich umbringen möchte. Ich glaube, Selbstmord ist immer nur ein Hilfeschrei.

Verena, 16 Jahre

Es gibt für alles einen Ausweg. Wenn man Selbstmordgedanken hat, sieht man nur im Moment den richtigen Weg nicht.

Raphael, 15 Jahre

Ich verstehe nicht, wie man sich das Leben nehmen kann. Ist doch alles so cool. Liebe, Sex und Rock 'n' Roll und das alles, Mann.

Halil, 15 Jahre

Also, ich bin froh, dass ich mir jederzeit das Leben nehmen kann. Immer wenn alles total in die Hose geht, dann denke ich: Wenn du nicht willst, musst du nicht mehr weiterleben. Das beruhigt mich irgendwie.

Natascha, 16 Jahre

Ich verstehe nicht, wieso man immer Menschen verurteilt, die Selbstmord begehen. Ich kann das gut verstehen. Ich denke auch manchmal daran. Ich würde das wahrscheinlich nicht machen, aber ich bin froh, dass ich es jederzeit machen könnte, wenn ich wollte.

Janosch, 14 Jahre

Also, ich habe schon so manches Mal überlegt, mich umzubringen. Vor allem, als mein Freund vor einem halben Jahr Schluss gemacht hat, war ich nahe davor.

Sylke, 15 Jahre

▶ Und wie denkst du über das Thema?
Welche Gedanken kannst du verstehen? Welche Gedanken sind dir ganz fremd?
Diskutiert in Kleingruppen darüber.

Weber: Selbstmord – Warum? · ab Klasse 7
© Brigg Pädagogik Verlag GmbH, Augsburg

Gitterrätsel erstellen

Fertige nun für deinen Partner ein Gitterrätsel an.
Denke dir 10 Fragen aus und verstecke die Lösungswörter in einem Gitterraster.
Schreibe dann andere Buchstaben in das Gitter, damit die Lösungswörter nicht so leicht zu finden sind. Das Lösungswort kann senkrecht, waagerecht oder auch diagonal versteckt sein.
Zwei Fragen sind vorgegeben.

1.) Woher kam das seltsame Geräusch? _____

2.) Wer könnte sich auf dem Boden verstecken? _____

3.) _____

4.) _____

5.) _____

6.) _____

7.) _____

8.) _____

9.) _____

10.) _____

Gitterrätsel

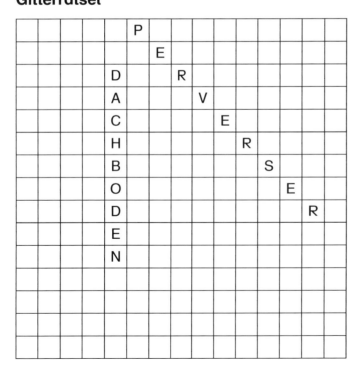

Weber: Selbstmord – Warum? · ab Klasse 7
© Brigg Pädagogik Verlag GmbH, Augsburg

Der Spannungsaufbau

1. Schau dir diesen Abschnitt der Geschichte an. Er ist besonders spannend gestaltet. Woran liegt das?

Wieder erklang dieses Stöhnen. Es war mehr als schaurig.
Lea konnte nicht anders. Sie musste einfach nachschauen. Auch wenn sie sich kaum noch auf den Beinen halten konnte.
Stufe für Stufe quälte sie sich nach oben. Und bei jeder Stufe hörte sich das Stöhnen schrecklicher an.
An der Bodentür hielt Lea inne. Sie hatte plötzlich furchtbare Angst.
Was, wenn sich hier jemand versteckt hielt, der nur auf sie wartete. Irgendein Perverser. Man las solche Sachen ja immer wieder in der Zeitung, dass sich jemand im Haus versteckt hielt und dann ein Mädchen überfiel und vergewaltigte.
Das Stöhnen passte jedenfalls dazu.
Rummps machte es jetzt. Es war etwas auf den Boden gefallen. Er großer Gegenstand. Ein Körper! Philipp! Aber das durfte doch nicht wahr sein!
Lea rannte zur Tür und öffnete sie.
„Ist da jemand?", fragte sie mit zitternder Stimme in den dunklen Raum hinein.
Und dann sah sie ihn. Er lag auf dem Boden. Mit weit aufgerissenen Augen und einer Schlinge um den Hals.
Das Seil, mit dem er sich erhängen wollte, war gerissen.
Lea schrie. Sie schrie und schrie. Presste die Hände vor ihren Mund und würgte.
Ihre Gedanken liefen Amok. Sie musste etwas tun. Aber was?
Sie beugte sich über Philipp. Fingerte an der Schlinge und versuchte, sie zu lockern. Himmel, war sie fest!
Diese großen Augen starrten sie so schrecklich an.
Endlich gelang es Lea, das Seil zu lockern. Philipp japste. Dann verdrehte er die Augen.
Lea musste Hilfe holen. Die Polizei. Den Krankenwagen. Oder Nachbarn. Philipp brauchte Hilfe. Vielleicht musste er beatmet werden.
Ihr Fieber und ihr brennendes Bein waren fast vergessen.
Lea rannte zur Tür. Die Treppe hinunter. Immer zwei Stufen auf einmal. Sie stolperte. Fiel hin. Rutschte den Rest der Treppe auf dem Hinterteil nach unten. Dann sprang sie auf. Rannte zu den Müllers, zu Bartels und zu diesem Sonderling im Erdgeschoss. Sie klingelte überall, schlug gegen die Türen und schrie. Immer eine Tür nach der anderen. Aber niemand schien zu Hause zu sein.
Weinend rannte Lea aus dem Haus auf die Straße. Dort schrie sie weiter.

2. Eine Geschichte wird spannend, wenn das eigentliche Geschehen mit den Gedanken, die jemand hat, vermischt wird.
Nimm dir zwei Textmarker mit verschiedenen Farben. Markiere die Stellen, in denen etwas passiert in einer Farbe und Leas Gedanken in einer anderen Farbe.
Schau dir nun die Sätze in der Geschichte an. Was fällt dir auf?

3. Ein Stilmittel, Geschichten besonders spannend zu schreiben, ist, wenn man Sätze verkürzt oder das Subjekt weglässt.
Zum Beispiel: Sie stolperte. Fiel hin. Rutschte den Rest der Treppe auf dem Hinterteil nach unten.
Suche Sätze, die ähnlich sind und schreibe sie in dein Heft.

Weber: Selbstmord – Warum? · ab Klasse 7
© Brigg Pädagogik Verlag GmbH, Augsburg

Eine Lebensrettungsgeschichte schreiben

Nur 10 Prozent aller Menschen, die bei einem Selbstmordversuch gerettet wurden, wiederholen den Selbstmord später noch einmal. So kann man sagen, dass Lea Philipp wirklich das Leben gerettet hat.

▶ Denke dir nun selbst eine Geschichte aus, in der du jemandem das Leben rettest. Es muss kein Selbstmörder sein. Es kann ein Unfall vorgefallen oder jemand in eine gefährliche Situation geraten sein.
Mache dir ein paar Stichpunkte und schreibe dann die Geschichte möglichst spannend auf.

Weber: Selbstmord – Warum? · ab Klasse 7
© Brigg Pädagogik Verlag GmbH, Augsburg

1. Lies dir die Arbeitsaufträge genau durch.

2. Beginne dann mit deiner Arbeit.

3. Arbeite leise und konzentriert.

Stationen	Aufgaben	erledigt?	Unterschrift des Lehrers
Station 1 Pflicht	Buchquiz (Partnerarbeit)		
Station 2 Pflicht	Ein guter Spruch über das Leben (Einzelarbeit)		
Station 3 freiwillig	Ein Brief an die Autorin (Partnerarbeit)		
Station 4 freiwillig	Buchrezension (allein oder mit Partner)		
Station 5 Pflicht	Ein eigenes Ende (allein oder mit Partner)		

Weber: Selbstmord – Warum? · ab Klasse 7
© Brigg Pädagogik Verlag GmbH, Augsburg

Dies ist ein Quiz über das gesamte Buch. Arbeitet zu zweit. Einer fragt, der andere antwortet. Es gibt für jeden einen Zettel mit 9 Fragen. Pro richtig beantwortete Frage bekommst du einen Punkt.

1.) Wie heißt der Psychologe?

a) Rolf Schmidtmaier	c) Rainer Schmidtbauer
b) Rainer Solltauer	d) Richard Baumeister

2.) Wie heißt Philipps Klassenlehrerin?

a) Frau Tilly	c) Frau Brilly
b) Frau Zilly	d) Frau Drilly

3.) Wo trifft sich die Clique?

a) auf dem Sportplatz	c) auf dem Marktplatz
b) auf dem Kirchplatz	d) auf dem Spielplatz

4.) Wann ist Philipps Mutter immer zu Hause?

a) mittwochs	c) freitags
b) dienstags	d) donnerstags

5.) Wie heißt der Freund der Mutter?

a) Martin	c) Mike
b) Michael	d) Manfred

6.) Welches Lied sang Lea?

a) Time to say goodbye	c) Time for two
b) Time for us	d) Time to love you

7.) Wo wohnt Bruno?

a) Egbertstraße	c) Klingenbergstraße
b) Klingbertstraße	d) Ernst-Kickbert-Straße

8.) Wo versteckte sich Philipp auf dem Boden?

a) im Schrank	c) hinter dem alten Ofen
b) unter dem Bett	d) hinter den Dachpfannen

9.) In welche Schule ging Yvonne?

a) Kästner-Schule	c) Anne-Frank-Schule
b) Goetheschule	d) Diesterwegschule

Punkte:

Weber: Selbstmord – Warum? · ab Klasse 7
© Brigg Pädagogik Verlag GmbH, Augsburg

1.) Wie sieht die Krankenschwester aus?

a) Klein und drahtig	c) Dünn und groß
b) Mit Doppelkinn und grauen Haaren	d) Mit vielen Lachfalten um die Augen

2.) Wer sitzt in der Klasse vor Philipp?

a) Olga	c) Nicky
b) Marlene	d) Vicky

3.) An welchem Fluss liegt der Ort, an dem sich die Clique trifft?

a) am Rhein	c) an der Weser
b) am Main	d) am Inn

4.) Womit hört Philipp Musik?

a) Stereoanlage	c) Walkman
b) I-Pod	d) Minidisk-Player

5.) Wie heißt Philipps Mutter?

a) Hanne	c) Gisa
b) Anne	d) Gertrud

6.) Welche Blumen lagen in Nadines Sarg?

a) Lilien	c) Narzissen
b) Sonnenblumen	d) Rosen

7.) Welche Farbe hat Yvonnes Fahrrad?

a) blau	c) rosa
b) rot	d) schwarz

8.) Was befand sich auf dem Dachboden?

a) Truhe	c) Wäschespinne
b) Schrank	d) Handwagen

9.) Was kochte sich Lea?

a) Pfefferminztee	c) Hustentee
b) Kamillentee	d) Salbeitee

Punkte:

Weber: Selbstmord – Warum? · ab Klasse 7
© Brigg Pädagogik Verlag GmbH, Augsburg

Today is the first day of the rest of your life.

Wenn du denkst, es geht nicht mehr,
kommt von irgendwo ein Lichtlein her.

Und wenn ein Sturm dich in die Knie zwingt,
halt dein Gesicht einfach gegen den Wind.

Manchmal, wenn man nicht weiter weiß, fällt einem ein guter Spruch ein. Man hat diesen Spruch von einem Menschen gehört, man kennt ihn aus einem Song oder man hat ihn gelesen.

 Welchen Spruch kennst du?
Schreibe diesen Spruch groß und bunt auf ein DIN-A4-Blatt. Gib dir dabei Mühe, ihn schön zu gestalten.

Wenn du magst, kannst du mir diesen Spruch auch für meine Homepage mailen.
(www.annette-weber.com)

Weber: Selbstmord – Warum? · ab Klasse 7
© Brigg Pädagogik Verlag GmbH, Augsburg

Hallo, mein Name ist Annette Weber. Ich habe dieses Buch geschrieben.

Das Thema ist mir nicht leicht gefallen.

Damit mein Buch auch möglichst wirklichkeitsgetreu wird, habe ich sehr viel über dieses Thema recherchiert. Ich habe Menschen befragt, die schon einmal irgendwie mit dem Thema zu tun hatten. Menschen, die einen Selbstmordversuch hinter sich hatten, Menschen, die ihr Kind, ihren Partner, ihre Geschwister oder Freunde durch Selbstmord verloren haben, Ärzte, die Menschen gerettet haben, Gerichtsmediziner, die jemanden obduzieren mussten und Psychologen, die Menschen nach einem Selbstmordversuch betreut haben.

Außerdem habe ich im Internet die Tagebücher von Selbstmördern gelesen, bin durch Suizid-Chats gechattet und habe Bücher zu dem Thema gelesen.

Das alles hat mich auch irgendwie ganz schön traurig gemacht. Ich musste oft darüber nachdenken, warum einige Menschen den Tod als Alternative zum Leben wählen.

Jetzt würde mich natürlich sehr interessieren, wie es dir mit diesem Buch, und natürlich auch mit diesem Thema ergangen ist.

Fandest du das Thema realistisch dargestellt?

Was denkst du über das Leben und den Tod?

Ich würde mich freuen, wenn du dir die Mühe machst, mir zu schreiben. Ich verspreche auch, dir zu antworten,

Viele Grüße
A. Weber

Schreibe eine Buchrezension.
Die folgenden Fragen helfen dir dabei.

Wie heißt der Titel des Buches und wer hat es geschrieben?
In welchem Verlag und in welchem Jahr ist das Buch erschienen?
Was ist in dem Buch passiert? Schreibe es in wenigen Sätzen auf.
Wie hat dir das Buch gefallen?

Hier einige Beispielsätze:

In dem Buch geht es darum …
Das Thema ist …
Meine Meinung zu dem Buch ist …

_____

_____

_____

_____

_____

_____

_____

_____

_____

_____

_____

Philipp wird aus der Klinik entlassen und das Leben geht weiter.
Er geht weiter zur Schule, er redet viel mit seiner Mutter, er bekommt Besuch von allen Freunden, auch von Yvonne, von Lea und von Bruno.
Aber zu der Clique geht Philipp nicht mehr. Das hat er mit dem Psychologen besprochen. Die Clique bringt ihn nicht weiter, darum verzichtet er auf sie. Und er ist erstaunt, wie gut er ohne sie auskommt.

Mit drei Leuten aus seiner Schule hat Philipp eine Band aufgemacht. Sie nennen sich „A new life". Philipp spielt Keyboard. Lea ist auch in der Band – als Sängerin und Gitarristin. Philipp mag sie total gerne. Leider traut er sich nicht, es ihr zu sagen. Aber er hat das Gefühl, dass sie es merkt und dass sie ihn auch mag.

Gestern Abend kam Yvonne bei Philipp vorbei. Einfach so. Hat gesagt, dass sie mit Bruno Schluss gemacht habe. Und dass sie Philipp immer noch liebe. Und dass sie alles darum geben würde, wenn sie wieder mit ihm zusammen sein könnte.

Philipp weiß nicht, was er davon halten soll. Erst recht weiß er nicht, wie er das finden soll.
Aber er weiß, es gibt schon einen Weg.

> Wie würdest du Philipp entscheiden lassen? Schreibe auf, wie die Geschichte weitergehen könnte.

Weber: Selbstmord – Warum? · ab Klasse 7
© Brigg Pädagogik Verlag GmbH, Augsburg

Lösungen

Seite 43: Hast du den Text genau gelesen?

1. Wie heißt der Junge in der Geschichte?	a	Sascha	b	**Philipp**	c	Ahmet
2. Wo befindet sich der Junge?	a	**im Krankenhaus**	b	in der Schule	c	zu Hause
3. Wer erscheint in seinem Zimmer?	a	**eine Krankenschwester**	b	seine Mutter	c	**ein Psychologe**
4. Was sieht der Junge draußen?	a	den Krankenwagen	b	**die Sonne**	c	**einen Vogel**
5. Was steht auf dem Nachtisch?	a	ein Handy	b	eine Uhr	c	**eine Ansichtskarte**
6. Wer hat ihm das Bild geschenkt?	a	Renate	b	Susanne	c	**Lea**
7. Wie heißt Herr Schmidtbauer mit Vornamen?	a	Horst	b	**Rainer**	c	Hubert
8. Wer versuchte, ihn zu besuchen?	a	seine Lehrerin	b	**ein Mädchen**	c	sein Kumpel Benny
9. Wie sieht Herr Schmidtbauer aus?	a	**klein und dick**	b	groß und sportlich	c	dünn und mit Brille
10. Welcher Tag änderte alles?	a	**der Tag im Park**	b	der Tag beim Casting	c	der Tag, an dem er Lea kennenlernte
11. Was gab es an dem Tag?	a	Hitzefrei	b	einen Sechser im Lotto	c	**Deutscharbeiten**
12. Wie geht es der Mutter?	a	sehr gut	b	**sie ist traurig**	c	sie ist krank
13. Wovon träumt Lea?	a	**davon, dass sie zu spät kommt**	b	davon, einmal reich zu sein.	c	von Campino
14. Was ist auf der Ansichtskarte zu sehen?	a	ein Geisterhaus	b	**Wellen, Strand und eine Möwe**	c	Venedig im Sonnenuntergang
15. Wie viel Zeit liegt zwischen Leben und Tod	a	viele Jahre	b	einige Minuten	c	**wenige Sekunden**

Weber: Selbstmord – Warum? · ab Klasse 7
© Brigg Pädagogik Verlag GmbH, Augsburg

Seite 45: Gegenwart – Vergangenheit

1. Das Kapitel „Philipps Entscheidung" ist in der Gegenwart geschrieben, die anderen Kapitel sind in der Vergangenheit geschrieben, das Schlusskapitel „Ein neuer Anfang" dagegen wieder in der Gegenwart.
Welche Erklärung hast du dafür?

2. Suche dir einen Partner:
Schaut euch die einzelnen Sätze an. Setzt sie in die Vergangenheit.

Gegenwart	Vergangenheit
Er kann seinen Arm bewegen.	Er konnte seinen Arm bewegen.
Die Tür zum Krankenzimmer öffnet sich.	Die Tür zum Krankenzimmer öffnete sich.
Philipp versucht zu lächeln.	Philipp versuchte zu lächeln.
Sie schaut auf den Tropf.	Sie schaute auf den Tropf.
Ganz traurig sieht sie aus.	Ganz traurig sah sie aus.
Sie ist total nett.	Sie war total nett.
Philipp dreht sich zum Fenster.	Philipp drehte sich zum Fenster.
Die Sonne scheint durch das Fenster.	Die Sonne schien durch das Fenster.
Draußen zwitschern die Vögel.	Draußen zwitscherten die Vögel.
Philipp schließt die Augen.	Philipp schloss die Augen.
Philipp rollt sich in die Decke ein.	Philipp rollte sich in die Decke ein.
Philipp überlegt eine Weile.	Philipp überlegte eine Weile.
Dann richtet sich Philipp im Bett auf.	Dann richtete sich Philipp im Bett auf.
Der Psychologe nimmt sich einen Stuhl.	Der Psychologe nahm sich einen Stuhl.
Er setzt sich zu Philipp.	Er setzte sich zu Philipp.

Weber: Selbstmord – Warum? · ab Klasse 7
© Brigg Pädagogik Verlag GmbH, Augsburg

Lösungen

Seite 46: Selbstmord – was denkst du darüber?

1. Dieses Buch handelt vom Tod – vom Selbstmord.
Sollte man deiner Meinung nach über so ein Thema ein Buch schreiben?
Was ist gut daran? Worin liegen die Gefahren? Begründe deine Ansicht.
Schreibe Argumente dafür und dagegen auf.

Zum Beispiel:

Argumente dafür	*Argumente dagegen*
Ein solches Buch könnte dazu beitragen, selbstmordgefährdete Kinder und Jugendliche schneller zu erkennen und ihnen rechtzeitig zu helfen.	*Schüler könnten durch die Beschäftigung mit dem Thema erst recht zum Selbstmord angeregt werden.*
Ein Buch über das Thema könnte Kinder und Jugendlichen helfen, entsprechende Symptome bei ihren Freunden schneller zu erkennen.	*Selbstmord ist ein sehr schwieriges Thema. Manchen fällt es vielleicht schwer, darüber zu reden.*

Sprecht in eurer Klasse über dieses Thema. Lest euch eure Argumente vor.

2. Es gibt andere Worte für Selbstmord.
Welche Worte kennst du? Schreibe alle Wörter auf, die du kennst.

Zum Beispiel: *Freitod, Suizid, Selbsttötung ...*

3. Im Durchschnitt sterben in der Bundesrepublik Deutschland jährlich zwischen 11 000 und 12 000 Menschen durch Suizid, wobei zusätzlich von einer hohen Dunkelziffer auszugehen ist. Diese Zahl entspricht ca. 1,3 Prozent aller Todesfälle und übersteigt damit die Anzahl der Verkehrstoten (4 949 Todesopfer im Jahr 2007) bei weitem. (Wikipedia)

Was sind deiner Meinung nach die Gründe dafür? Schreibe sie auf.

Zum Beispiel: *Die Menschen kommen mit der schnelllebigen Welt von heute nicht mehr zurecht und fühlen sich alleingelassen.*
Sie sehen den Selbstmord als einzigen Ausweg aus ihren Problemen.

Weber: Selbstmord – Warum? · ab Klasse 7
© Brigg Pädagogik Verlag GmbH, Augsburg

Seite 48: Kreuzworträtsel

Across:
1 KUSS
2 SCHWIMMBAD
3 LEHRERKALENDER
4 VICKY
5 SECHS
6 FINGER
7 TISCHKANTE
16 PHILIPP
8 BEULE
9 HEFT
10 SAMMY
11 PARK
12 RHEINUFER
14 ROT
15 MUND
13 MAEHNE

Down:
1 FUSSBALL
5 SCHHUL
2 SEHU / HEULE
3 SS
4 TASCHE
6 TILLY
7 ORRSTOER
8 DEUTSCH
9 BSCH
10 HSCHI
12 WBATT
11 ZICKE
16 PSH
13 TABBL
17 RIFFEE
18 ZW... I
14 KOPP
15 K
16 BRUNO

Lösungen

Seite 52: Philipps Clique

1. *Bruno, Yvonne, Steffen, Kemal und Kathy*

2.
> Seit ein paar Wochen war Bruno mit in ihrer Clique, und seitdem war das Kiffen Mode geworden. Außer Philipp kifften mittlerweile alle, auch Yvonne. Das hatte die Beziehung in der Clique irgendwie verändert. Sie trafen sich nicht mehr, um zu reden oder Fußball zu spielen oder Musik zu hören. Jetzt ging der Joint um, und danach hingen alle träge auf der Bank herum.
> So war es auch heute. Zuerst rauchten Bruno und Yvonne, dann kamen noch Steffen, Kemal und Kathy dazu. Brunos Joint wurde brüderlich geteilt. Danach hatte auch Steffen noch Stoff dabei. Die Gespräche wurden langsamer, die Pupillen größer.

Beispiel:
Früher traf die Clique sich, um zu reden, Fußball zu spielen oder Musik zu hören. Jetzt kiffen sie und hängen dann auf der Bank herum.
Philipp hat nicht viel für Kiffen übrig. Ihm geht es auf die Nerven. Er würde lieber etwas unternehmen …

3. Beispiel:
Yvonne ist schlank und hat eine wilde Löwenmähne. Auch sie kifft mittlerweile. Sie will sich von Philipp nicht vorschreiben lassen, was sie tun darf und was nicht. Um Philipp das zu zeigen, gibt sie Bruno einen Kuss.

4. Beispiel:
Warum gibt Yvonne Bruno einen Kuss, obwohl sie weiß, dass es mich stört?
Vielleicht findet Yvonne Bruno ja toller als mich.
Wieso stellt sie sich auf die Seite der anderen und hält nicht zu mir?
Früher war irgendwie alles anders. Da haben wir noch gemeinsam etwas unternommen. Jetzt will sie nur noch kiffen und herumhängen.
Ich bin trotzdem immer noch verliebt in Yvonne. Sie macht mich einfach wahnsinnig.

Weber: Selbstmord – Warum? · ab Klasse 7
© Brigg Pädagogik Verlag GmbH, Augsburg

Seite 57

2. Was bedeuten folgende Begriffe:

Suizid: *Lateinisches Wort für „Selbstmord".*

Isolation: *Eine Person, die isoliert ist, hat wenig/gar keinen Kontakt zu anderen Menschen. Sie fühlt sich ungeliebt und zieht sich zurück.*

bizarres Verhalten: *Seltsames, ungewöhnliches Verhalten.*

Konzentration: *Die Gedanken bleiben bei einer Sache. Sie sind auf ein Ziel ausgerichtet.*

Aggressivität: *Jemand ist aggressiv, wenn er einen anderen Menschen direkt (beißen, schlagen, treten ...) oder indirekt (beleidigen, beschimpfen ...) verletzen möchte oder absichtlich Gegenstände zerstört.*

psychotische Symptome: *Solche Symptome sind Zeichen einer psychischen Störung. Z. B. extreme Stimmungsschwankungen, Selbstmordgedanken.*

Energielosigkeit: *Jemand ist energielos, wenn er sich zu nichts mehr „aufraffen" kann und sich ständig müde fühlt.*

3. Schreibe fünf Handlungen oder Situationen auf, die auf Gedanken über Selbstmord hindeuten könnten. Beispiele:

Jemand beschäftigt sich mit Büchern oder Filmen über Selbstmord.

Jemand hört Musik mit Texten über das Thema Selbstmord.

Jemand macht schon Pläne, wie er sich das Leben nehmen könnte.

Jemand sagt immer wieder, dass es besser wäre, tot zu sein.

Jemand denkt ungewöhnlich oft an einen Verstorbenen.

Versuche dann Begründungen zu finden, warum dieses Verhalten ein versteckter Hinweis auf Selbstmord sein könnte.

Zum Beispiel:
Derjenige will genaue Informationen über Selbstmord sammeln (Methoden, wie fühlt man sich dabei ...).

Weber: Selbstmord – Warum? · ab Klasse 7
© Brigg Pädagogik Verlag GmbH, Augsburg

Lösungen

Seite 58: Silbenrätsel

1.)	Wo trifft sich die Clique?	*(Partykeller)*
2.)	Welche Kleidung trägt Steffen?	*(Lederjacke)*
3.)	Woraus nahm Philipp einen großen Schluck?	*(Bierflasche)*
4.)	Wohin ging Philipp?	*(Beerdigung)*
5.)	Wo fand die Beerdigung statt?	*(Kapelle)*
6.)	Was trug der Mann vom Beerdigungsinstitut?	*(Zylinder)*
7.)	Wie heißt Nadines Mutter?	*(Elvira)*
8.)	Was lag neben Nadines Kopf?	*(Rosen)*
9.)	Welche Band mochte Nadine?	*(Tote Hosen)*
10.)	Was warf Philipp auf den Sarg?	*(Sand)*

Seite 60: Die Beerdigungszeremonie

2. Wie gestaltete die Familie von Nadine die Beerdigung ihrer Tochter?

Beispiel: *Es war eine große Beerdigung. Die Kapelle war voller Menschen. Der Pastor erzählte aus Nadines Leben und dann wurde ein Lied ihrer Lieblingsband, den Toten Hosen, gespielt. Die Klassenkameraden versammelten sich um Nadines Sarg und sprachen einen Abschiedsspruch. Am Ende des Gottesdienstes sang Lea „Time to say goodbye".*

Wie verhält sich Philipp auf der Beerdigung? Beschreibe seine Gefühle, was geht in ihm vor?

Beispiel: *Philipp ist noch nie auf einer Beerdigung gewesen. Nadine ist die erste Tote, die er sieht. Er wundert sich, dass sie aussieht wie immer. Philipp ist überrascht, dass Nadine so hübsch zurechtgemacht worden ist. Er kann aber sehen, dass das, was hier liegt, nur noch eine Hülle ist. Zum Abschied berührt Philipp ihr Haar und erschrickt, weil es sich so merkwürdig anfühlt.*

Seite 62: Telefonseelsorge

2. Was weißt du über die Arbeit der Telefonseelsorge?

Beispiel: *Die Telefonseelsorge ist per Telefon, Mail oder Chat erreichbar. Sie ist offen für alle Probleme. Die ehrenamtlichen Mitarbeiter werden mindestens ein Jahr ausgebildet. Sie unterliegen der Schweigepflicht, so kann also jeder anonym bleiben. Die Anrufer/interaktiven Nutzer werden in keinerlei Hinsicht – sei es in religiöser, politischer oder ideologischer, beeinflusst. Außerdem entstehen für den Ratsuchenden keine Kosten.*

4. Was unterscheidet die Telefonseelsorge von einem Selbstmordforum?

Beispiel: *Im Gegensatz zu einem Selbstmordforum, in das jeder Zugang hat und in dem jeder seine Meinung preisgeben kann, wird man bei der Telefonseelsorge von erfahrenen und speziell dafür ausgebildeten Mitarbeitern beraten. Zudem tauscht man sich bei der Telefonseelsorge nur mit einem Menschen aus, während in einem Selbstmordforum viele Menschen den Beitrag lesen können.*

Weber: Selbstmord – Warum? · ab Klasse 7
© Brigg Pädagogik Verlag GmbH, Augsburg

Seite 63: Gitterrätsel

▶ Schau dir dieses Gitterrätsel an. 33 Wörter haben sich hier versteckt, die im Kapitel „Yvonne und Bruno" vorkommen. Kannst du sie finden? Die Wörter stehen senkrecht und waagrecht. Notiere sie.

F	I	P	A	N	I	K	Z	K	M	L	T	A	S	T	G	S	O	P	A	T	R	Q
G	T	Z	O	V	B	X	H	A	N	D	Y	M	A	F	O	C	W	Y	M	K	P	E
G	U	E	R	T	E	L	L	F	A	H	R	R	A	D	F	H	Q	V	T	O	O	P
M	A	H	J	C	U	I	Z	F	K	R	S	A	Z	D	M	L	D	O	O	P	E	P
S	C	H	P	L	U	S	T	E	R	B	A	C	K	E	K	I	R	N	Z	F	A	I
L	O	R	J	S	T	U	O	E	L	C	M	E	E	C	I	N	P	N	E	P	K	A
H	S	T	U	H	L	T	K	T	D	A	R	R	L	K	U	G	U	E	S	A	L	R
A	C	Y	G	T	Z	P	A	R	K	B	A	N	K	E	O	E	Z	F	C	K	I	P
U	W	T	E	A	P	U	Z	I	G	G	T	E	H	A	L	S	K	L	H	A	N	N
T	D	P	N	K	L	N	K	N	A	E	J	T	E	O	A	C	L	S	L	J	G	O
O	I	T	D	P	A	K	G	K	S	P	U	T	Z	I	N	H	T	C	I	G	B	W
B	R	E	Z	I	N	B	E	E	R	D	I	G	U	N	G	M	A	H	N	M	E	E
A	M	I	E	O	R	E	O	N	F	G	A	N	T	U	E	E	S	N	G	O	R	T
H	T	M	N	A	C	H	M	I	T	T	A	G	H	K	W	R	G	A	E	N	T	J
N	Z	I	T	M	T	A	I	K	R	O	N	A	O	O	E	Z	M	L	K	D	S	A
B	F	B	R	U	N	O	N	L	I	V	C	R	K	N	I	E	S	L	L	E	T	Z
R	U	E	U	M	I	L	U	F	T	S	P	T	F	T	L	N	Z	E	E	U	R	L
U	I	T	M	T	A	N	T	K	A	H	K	E	L	L	E	R	R	A	U	M	A	M
E	J	T	O	L	G	Q	E	F	H	I	D	N	M	E	C	D	I	E	T	K	S	T
C	L	A	Q	T	K	O	P	H	F	I	A	Z	M	E	N	S	T	A	I	N	S	I
K	B	S	C	H	N	A	L	L	E	Q	U	A	T	S	C	H	E	N	P	U	E	U
E	S	S	T	Z	I	M	E	O	A	N	K	U	H	M	I	N	U	T	E	W	U	D
S	T	A	D	T	B	U	M	M	E	L	M	N	A	R	P	Z	L	A	B	T	I	G

Lösungen

Welche Sätze gehören zusammen? Verbinde sie mit einem Strich.

Philipp ließ den Gürtel	in einer Schublade verschwinden.

Yvonne trat in Philipps Zimmer	und lies sich auf sein Bett fallen.

Yvonne schluchzte	und presste ihre Hand vor den Mund.

Leise öffnete Philipp	die Tür zum Dachboden.

Philipp stieg auf den Stuhl	und hängte sich an den Balken.

Philipp duckte sich	und kroch hinter die Dachpfannen.

Frau Schwarz erschien auf dem Boden	und hängte die Wäsche auf.

Philipp wartete geduldig	bis sie den Bodenraum verlassen hatte.

Weber: Selbstmord – Warum? · ab Klasse 7
© Brigg Pädagogik Verlag GmbH, Augsburg

Seite 72

▶ Wie genau hast du das Kapitel „Auf dem Friedhof" gelesen?
Beantworte folgende Fragen:

1.) Welches Körperteil berührte Bruno bei Yvonne?	ihren Busen	ihr Knie	ihre Hand
2.) In welcher Klasse war Nadine?	8. Klasse	7. Klasse	6. Klasse
3.) Welche Nummer hatte Nadines Grab?	Nummer 7429	Nummer 7428	Nummer 7284
4.) Wer würde bei Philipps Beerdigung in der ersten Reihe sitzen?	Yvonne	Bruno	Manfred
5.) Wie hieß das Mädchen am Grab?	Lena	Lea	Lisa
6.) Was hatte sie in der Hand?	Taschentuch	Handtasche	Rose
7.) Von wem redet Lea?	Gott	ihrer Mutter	ihrem Freund
8.) Wie sah Lea aus?	toll	altmodisch	fröhlich
9.) Wohin sollten Selbstmörder Leas Meinung nach vorher gehen?	in die Schule	zum Sport	nach Afrika
10.) Wo war die Eisdiele?	hinter der Friedhofsmauer	am Sportplatz	in der Fußgängerzone
11.) Welche Eissorten nahmen sie?	Malaga und Kiwi	Schokosahne und Nuss	Schokosahne und Malaga
12.) Wohin setzten sich die beiden?	in den Schatten	in die Sonne	auf die Bank
13.) Wie alt wird Philipp Leas Meinung nach?	50 Jahre	80 Jahre	70 Jahre

Zähle deine Punkte zusammen.

Von 13 Punkten hast du _____ Punkte

Wenn du weniger als 8 Punkte hast, solltest du das Kapitel nochmals genau lesen.

Weber: Selbstmord – Warum? · ab Klasse 7
© Brigg Pädagogik Verlag GmbH, Augsburg

Lösungen

Weber: Selbstmord – Warum? · ab Klasse 7
© Brigg Pädagogik Verlag GmbH, Augsburg

Seite 81

1. Lies diesen Song.
Was beschreibt er.

Beispiel:
Der Song handelt von jemandem, der keinen Ausweg mehr weiß, der „am Ende" ist und „keine Sonne" mehr sieht.

Wozu versucht er zu ermutigen?

Beispiel:
Im Refrain jedoch wird jeder bestärkt, den eigenen Weg zu Ende zu geh'n, auch wenn es manchmal schwer fällt. Der Song drückt aus, dass das Leben wie eine Achterbahn ist – es geht immer auch wieder bergauf.

2. Kennst du andere Songs oder Raps, die Mut zum Leben machen und zum Durchhalten?

Beispiel: „Ich liebe dieses Leben" von Juli; „Steh auf wenn du am Boden bist" von den Toten Hosen.

Seite 82: Sätze vervollständigen

Lies das Kapitel „Ein letztes Mal" aufmerksam durch.
Vervollständige die Sätze.

1.) Vicky starrte *ihn mit großen Augen an.*
2.) *Mit einem Ruck warf Yvonne* ihre Haare nach hinten.
3.) *Vielleicht würde Frau Tilly* mit der Klasse zum Gottesdienst kommen *und einen Ab-schiedsgruß für ihn sprechen.*
4.) Er winkte der Frau entgegen, *die hinter dem Fenster saß.*
5.) *Als er zu Hause angekommen war,* war ihm zum Weinen zumute.
6.) *Jetzt schaltete sie* den Wasserkocher ab *und wartete.*
7.) Lea klopfte *gegen das Küchenfenster und winkte.*
8.) *Er nahm das Seil* und öffnete *leise die Tür zum Flur.*
9.) *Der heiße Tee goss sich* über ihre Jogginghose.
10.) Lea klingelte *noch einmal und wartete weiter.*
11.) *Nie wieder* würde er dann *Schmerzen haben.*
12.) Seine Mundwinkel *waren tief heruntergezogen.*
13.) *Schon in der Nacht hatte sie* Fieber bekommen.
14.) Schließlich musste er noch *zur Kästner-Schule.*
15.) *Philipp rannte zum Schultor* und schaute *durch das Gitter.*

Seite 86

Der Text „Informationen zum Thema Selbstmord" ist schwierig zu verstehen.

2. Erkläre folgende Wörter mithilfe des Lexikons oder recherchiere im Internet:
Beispiele:

Suizid:	*Lateinisches Wort für „Selbstmord".*
Suizidversuch:	*Der Versuch, sich das Leben zu nehmen.*
Judentum:	*Religion der Juden. Grundlage des Judentums ist der Glaube an den einen und einzigen Gott (Jahwe), der die Welt und alle Lebewesen geschaffen hat. Zentrales Gebot ist das Gebot der Nächstenliebe.*
Japanische Samurai:	*Ein Samurai ist die übliche Bezeichnung für ein Mitglied des Kriegerstandes im vorindustriellen Japan. Heute wird sie ausschließlich für den Kriegeradel verwendet.*
Demütigung:	*Demütigung ist eine beschämende und verächtliche Behandlung eines Anderen – oft auch im Beisein Dritter, die dessen Stolz und Selbstachtung angreift.*
Privileg:	*Ein Privileg ist ein Vorrecht, das einem Einzelnen oder einer Gruppe zusteht.*
Hinduismus:	*Religion, der in Indien über 80% Bevölkerung zugerechnet wird, in Nepal (wo der Hinduismus Staatsreligion ist) 89%. Große hinduistische Bevölkerungsgruppen gibt es in Bangladesch, Indonesien (besonders in Bali), Pakistan, Sri Lanka und Malaysia. Hinduismus ist keine monotheistische Religion, es gibt ca. 120 Götter. Grundlegend für das religiöse Denken aller Hindus ist die Lehre von der Wiedergeburt. Grundlage für die gesellschaftliche Ordnung ist die Kastenordnung.*
Monotheistische Religion:	*Religion, die nur einen einzigen Gott verehrt. Die drei großen monotheistischen Weltreligionen sind das Christentum, der Islam und das Judentum.*
Islam:	*Monotheistische Weltreligion mit weltweit über 1,1 Mrd. Anhängern (Muslime). Der Islam ist gekennzeichnet durch die unbedingte Ergebung in den Willen Gottes (Allah), wie er im Koran niedergelegt ist.*
Exkommunikation:	*Exkommunikation ist der permanente oder zeitlich begrenzte Ausschluss aus einer religiösen Gemeinschaft oder von bestimmten Aktivitäten in einer religiösen Gemeinschaft.*
Witwenverbrennung:	*Hinduistischer Brauch, nach dem die treue Ehefrau ihrem verstorbenen Mann durch Selbstverbrennung nachzufolgen hat, um mit ihm im Jenseits vereint zu werden. Dieser Brauch wurde 1829 von den Briten verboten.*
Französische Revolution:	*Die Französische Revolution (1789-1799) hat die neuzeitliche europäische Geschichte maßgeblich beeinflusst. Die Abschaffung des damaligen absolutistischen Ständestaates sowie die Einforderung grundlegender Werte und Ideen der Aufklärung, vor allem der Menschenrechte, haben das moderne Demokratieverständnis entscheidend beeinflusst.*

Lösungen

Seite 92: Buchquiz A

1.) Wie heißt der Psychologe?

a) Rolf Schmidtmaier	c) Rainer Schmidtbauer
b) Rainer Solltauer	d) Richard Baumeister

2.) Wie heißt Philipps Klassenlehrerin?

a) Frau Tilly	c) Frau Brilly
b) Frau Zilly	d) Frau Drilly

3.) Wo trifft sich die Clique?

a) auf dem Sportplatz	c) auf dem Marktplatz
b) auf dem Kirchplatz	d) auf dem Spielplatz

4.) Wann ist Philipps Mutter immer zu Hause?

a) mittwochs	c) freitags
b) dienstags	d) donnerstags

5.) Wie heißt der Freund der Mutter?

a) Martin	c) Mike
b) Michael	d) Manfred

6.) Welches Lied sang Lea?

a) Time to say goodbye	c) Time for two
b) Time for us	d) Time to love you

7.) Wo wohnt Bruno?

a) Egbertstraße	c) Klingenbergstraße
b) Klingbertstraße	d) Ernst-Kickbert-Straße

8.) Wo versteckte sich Philipp auf dem Boden?

a) im Schrank	c) hinter dem alten Ofen
b) unter dem Bett	d) hinter den Dachpfannen

9.) In welche Schule ging Yvonne?

a) Kästner-Schule	c) Anne-Frank-Schule
b) Goetheschule	d) Diesterwegschule

Punkte:

Weber: Selbstmord – Warum? · ab Klasse 7
© Brigg Pädagogik Verlag GmbH, Augsburg

Lösungen

Seite 93: Buchquiz B

1.) Wie sieht die Krankenschwester aus?

| a) Klein und drahtig | c) Dünn und groß |
| b) Mit Doppelkinn und grauen Haaren | d) Mit vielen Lachfalten um die Augen |

2.) Wer sitzt in der Klasse vor Philipp?

| a) Olga | c) Nicky |
| b) Marlene | d) Vicky |

3.) An welchem Fluss liegt der Ort, an dem sich die Clique trifft?

| a) am Rhein | c) an der Weser |
| b) am Main | d) am Inn |

4.) Womit hört Philipp Musik?

| a) Stereoanlage | c) Walkman |
| b) I-Pod | d) Minidisk-Player |

5.) Wie heißt Philipps Mutter?

| a) Hanne | c) Gisa |
| b) Anne | d) Gertrud |

6.) Welche Blumen lagen in Nadines Sarg?

| a) Lilien | c) Narzissen |
| b) Sonnenblumen | d) Rosen |

7.) Welche Farbe hat Yvonnes Fahrrad?

| a) blau | c) rosa |
| b) rot | d) schwarz |

8.) Was befand sich auf dem Dachboden?

| a) Truhe | c) Wäschespinne |
| b) Schrank | d) Handwagen |

9.) Was kochte sich Lea?

| a) Pfefferminztee | c) Hustentee |
| b) Kamillentee | d) Salbeitee |

Punkte:

Weber: Selbstmord – Warum? · ab Klasse 7
© Brigg Pädagogik Verlag GmbH, Augsburg